星野·如何重新定义度假

《第一财经》杂志·未来预想图 / 赵慧 主编

人民东方出版传媒
People's Oriental Publishing & Media

东方出版社
The Oriental Press

WELCOME。

CONTENTS

为何要
读懂星野？

text / 赵慧

星野集团是一个颇让人感兴趣的观察样本。我注意到这个品牌，是一次去日本轻井泽旅行的途中，在轻井泽车站看见了虹夕诺雅（星のや）来接客人的小车。车身上竖排贴着三个圆形 logo，用的是日本文化中"家纹"的概念。此后再在别处看到虹夕诺雅的招牌，发现这个 logo 在不同地区都有了不同的变化，其中一个圆圈内的图案，会随着酒店所在地的特色而展现不同特色——这个酒店有些意思。

此后，我对星野集团也就多了些关注。这个创业已超过百年的家族企业，在日本各大媒体的登场次数也越来越多。它在商业、设计、服务等领域的做法，也逐渐体现出自己的特色。而这一切，都是最近二十年间的事儿。

人们会很容易问百年企业一个问题：到底该如何延续之前的传统？但在星野，这个问题可能要换个方向：为什么要在上个世纪九十年代做一次彻头彻尾的变革？这也是我们想在这本书里首先想跟读者们聊的品牌故

事——变革为何发生。

然后我们就可以谈谈最近这些新变化了。疫情让人们在家里憋了许久，你还记得旅行中的那些兴奋感吗？在我们的观察里，人们的旅行方式会随着年龄、旅行目的的变化而不断改变。一个年轻人探索世界的旅程可能会从小酒店、民宿、青旅开始；而当人们想要挖掘城市魅力时，城市里占据便利交通要道、价格合适的商务酒店会成为选择之一；可如果旅行主体换成了有老人和孩子的一家人，一个相对舒适、拥有各种适配功能的家庭型酒店又会成为新的考量方向；如果预算充足，还会有人想尝试体验设计师设计的更有"非日常感"的酒店氛围；还有人有自己对环境的考量，倾向于优先选择与自己生活理念一致的酒店……

这些趋势也在决定着不同种类酒店的发展方向。而星野集团，在商业上就选择了一条多品牌、多层级的酒店管理运营道路。品牌运营者会立刻感知，这种多品牌策略的经验有多重要。所以，我们也将多品牌商业经营的部分作为这本书的重点，你会看到星野集团在主打奢华度假村概念的"虹夕诺雅"品牌、集中于表现日式精品温泉旅馆的"界"品牌、注重亲子度假体验的"RISONARE"品牌、挖掘城市观光主题的酒店品牌"OMO"、针对年轻人的酒店品牌"BEB"这些子品牌上，都做了哪些区分和尝试。更重要的是，对同一家公司来说，不同品牌之间又存在怎样的关联。以及，一家公司如何发现新的商业机会。

单从酒店这个视野来看，颇受关注的一大问题就是规划与设计。在新的发展历程中，无论是远离城市的度假村规划建设，还是在

赵慧

"未来预想图"主编，
《第一财经》杂志编委

城市里的既有酒店改造，都已成为和城市、社区密切相关的"长线话题"。酒店所有人、运营方，以及当地政府、组织机构，都在研究酒店可以为一个地区的文化、旅游、服务、商业带来哪些新的作用。所以在"设计如何让酒店与众不同"这个部分，我们从甲方、乙方不同角度入手，去还原虹夕诺雅这个度假村品牌在落地规划设计过程中的各种考量与矛盾；同时，还集中研究了"界 长门"这个独特案例，它不仅仅是一家酒店的运营重组，而是一个与当地温泉街街区规划关联的大项目，你可以看到，这些酒店运营者是如何参与到城市规划项目里，让一个温泉街重获新生。

在设计领域，我们当然不会错过视觉上颇有特色的酒店服装。酒店服装不仅包括员工制服，还包括给酒店客人提供的馆内服——到底怎么抓住员工和客人的心？设计上的功夫值得探寻。

我们还会进一步拆分星野集团各个酒店的服务。有哪些让人印象深刻的日式服务特

色需要保留？这家酒店又发现了什么，让它成为自己服务中的一环？甚至，它还列出了哪些有些不一样的服务纲领——以及，为什么？对服务业感兴趣的研究者，也许能从这个部分里得到启发。

我们的视角还会回到顾客角度，去发现酒店里的餐饮，还有酒店里那些想让人拿回家的各种备品——能让客人们产生收藏欲的好产品都有什么特征？我们挖掘出了这些产品一步步落地实现的过程。

我们也很推荐读者们在读完整本书后再阅读对星野集团代表星野佳路的专访。此时再重新看他对很多决策方向的选择，你可能会更有感触。星野佳路是媒体们很喜欢的那类受访者——对一家公司的发展方向有绝对控制权，敢于发表言论，也有自己不轻易改变的判断。我们曾向他抛出一个问题：他说要试图保持酒店特色，而有一个顾客，就质疑主打日式酒店风格的"虹夕诺雅东京"里为什么没有发型沙龙，他会为此调整酒店的服务吗？如果你是酒店经营者，你会怎么想？读完这本书，你不妨看看星野佳路的答复。

品牌研究的有价值之处，不仅在品牌本身，也在于它所处的这个行业产生的新趋势与新动向。我们选择的这些品牌，常常在某些领域是先行者，做了各种有趣的试验。我们为读者们询问、还原这些商业试验的原因、过程，当然，你可以继续观察它的新发展，然后，以这些思路为工具，去审视它的竞争者，甚至是未来超过它的创新者们。

也正是这些生机勃勃的创新与改变，构筑着我们身边的品牌世界。Ⓜ

STAR 星 ほし

@虹夕诺雅 竹富岛 photo／星野集团

SEA 海 うみ

FOREST 森 もり

SNOW 雪 ゆき

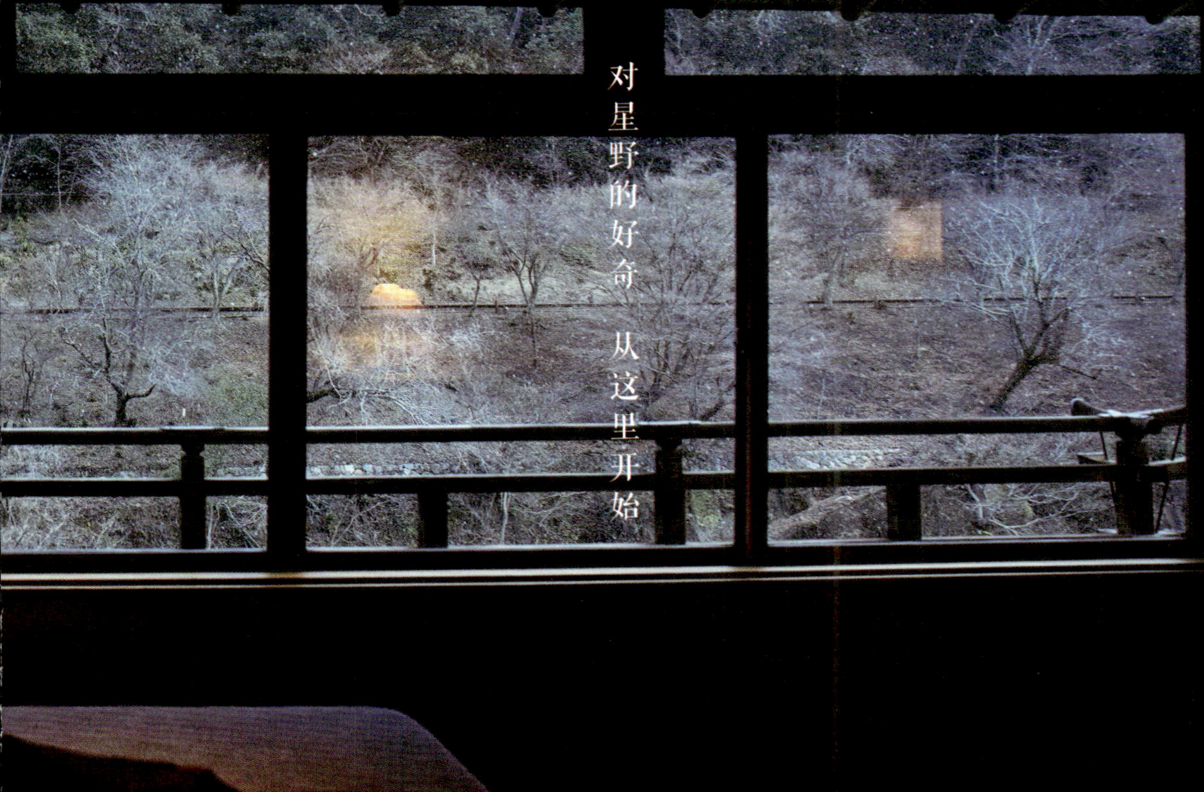
对星野的好奇 从这里开始

BRANDING STORY:
星野进化之路

text／邢梦妮　photo／星野集团 佐佐木谦一

从传统的日式温泉旅馆到度假酒店，
再成为一个多品牌经营的酒店集团，
星野的进化之路并不寻常。

拥有 5 个酒店品牌，运营超过 50 家酒店，不论规模还是声名，星野集团都是当今日本度假行业的金字招牌。但在其 100 多年历史中的绝大部分时间里，星野都只是日本长野县轻井泽地区的一家普通的温泉旅馆。

19 世纪 70 年代的轻井泽还是一片荒地。浅间山的火山灰导致土地贫瘠，当地民众缺乏谋生之道，但这种高原地貌吸引了异国来客。1886 年夏天，加拿大传教士亚历山大·克罗夫特·肖（Alexander Croft Shaw）路过轻井泽，惊喜地发现这里的气候类似故乡，于是拖家带口来避暑，"轻井泽"的名字也在传教士群体中传开。1891 年，英国驻日公使休·弗雷泽（Hugh Fraser）在轻井泽盖起了别墅，很快形成风潮。

据轻井泽町镇观光部门 1934 年刊发的宣传读物《大轻井泽的骄傲：草津温泉的声誉》记载，1911 年，至少有 900 名外国来客来轻井泽避暑，至 1913 年，别墅数量就

达到了 216 户。为了支撑这个社区的吃穿用度，附近的士绅投资了牧场、家具工坊，开拓者前赴后继。轻井泽逐渐成为上流阶级的度假和社交场所。

星野家族就是在这一时期到的轻井泽。当时的家主星野嘉助是个眼光独到的商人，家族的纺织业生意做得很大，业务一度拓展到美国。星野一家住在邻近轻井泽的佐久地区，看到轻井泽的开发热潮，他们也想分一杯羹，第二代家主星野国次就在轻井泽购置土地、开挖温泉。1914 年，温泉旅馆"星野温泉"正式开业。

此后近 80 年的时间里，星野家族始终在轻井泽深耕——

1929 年，第三代家主星野嘉政因为觉得向电力公司付钱通电太贵，独自研发了日本第一座私有的小型水力发电站，他还与日本野鸟会的创始人、诗人中西悟堂缔结友谊，他们都认同要保护轻井泽的野鸟生态，这给星野日后推广的生态旅游埋下了伏笔。

星のや
HOSHINOYA

每家虹夕诺雅的标志除了会使用通用的虹夕诺雅 logo 部分之外，还会有自己的特色纹样，其设计往往与当地特色风物相关。01 是在"虹夕诺雅 京都"工作的园林维护专业人员的背影，他衣服上的纹样就是"虹夕诺雅 京都"的 logo。

星のや

photo／佐佐木謙一

01

photo／佐佐木谦一

01 星野集团的发展之路中，星野佳路是绝对的主角。在银行工作几年后，1991 年，星野佳路终于回到轻井泽继承家业。此时，经济泡沫即将破灭，日本的酒店业面临危机。他对星野的改造计划，就是在这一背景下开始的。

02 星野集团起家于轻井泽，如今这里是日本最负盛名的度假胜地之一。图为星野在轻井泽最重要的设施，成于 2005 年的"虹夕诺雅 轻井泽"。

第四代家主星野晃良则开创了西式婚礼业务，1965 年，他创建了"轻井泽高原教会"，在西式教堂举办婚礼的风气从 20 世纪 70 年代开始兴盛，婚礼也一度成为星野的重要业务之一。

多年后，第五代继承人星野佳路开始实践他的改革理念时，会发现先辈的积累都将成为养料。不过，当 1987 年星野佳路从美国留学归来准备继承家族生意时，他眼里的星野温泉到处都需要改革。

星野佳路从小就被视为继承人，他的父母很注重培养他的全球视野。在母亲的安排下，星野学习冰球、到东京读书、去美国留学，父亲曾对他说："所有让我惊叹的事物在美国都排成队了。"

在康奈尔大学酒店管理学院见识了现代酒店的经营理念，1987 年，星野佳路回到轻井泽就准备大刀阔斧推进改革，但却遭到当头一棒——父亲和其他干部根本不把他当回事，他干了半年就愤而辞职。

星野佳路想要改变家族企业"公私不分"的现状，这意味着要把不少家族长辈排除出公司。父亲不支持他立刻这么做，理由是不急这一时，现在应该忍耐。一次争吵后，星野佳路离开了公司。他倒是不缺出路，经熟人介绍，星野佳路去了一家美国银行工作，负责回收 1990 年前后日本大公司在度假村的投资。

1987 年，日本政府实行《综合保养地域整备法》，它也被人称作"度假村法"，本质是鼓励房地产投资。大量资本随即涌入酒店业，传统的度假胜地轻井泽又成为开发热土。星野佳路后来在自传中说，当时自己对这股热潮很警惕：日本人的假期没有变长，一味投资只会让旅游业陷入供大于求的陷阱。

另一边，竞争加剧让老旧的星野温泉显得缺乏吸引力，生意开始下滑。情势变化，家族成员开始支持星野佳路接班。到了 1991 年，星野佳路正式成为星野温泉的继承人，星野这家公司也开启了它的进化之路。

改革首先从内部开始。按照星野佳路自己的说法，"当时我们公司的做法，与我在美国学习期间学到的'良好管理'有天壤之别。"他举例说，家族企业往往会为了少缴税，把旅馆的利润花掉，用来购买豪华汽车；另一边，接送客人的却始终是老旧的大巴。同时，家族企业也很难留住外部人才，人们知道自己在这里有晋升天花板。星野佳路回忆说，他们甚至不知道明天该派谁打扫房间。

星野佳路把家族和公司彻底分开，他让大半家族成员从董事会退出，取消家族成员在公司的特权，并且逐步把家族成员居住的土地收归公司。为彻底完成这一步，他花了 12 年。为作表率，星野佳路本人也从家族原来的房产中搬离，在外贷款买房。公司名字也从"星野温泉"改为"星野集团"（Hoshino Resort Inc.）。

photo／星野集团

星野佳路还亲自上阵招揽新人。他会请优秀候选人在夏天带家人一起来轻井泽度假，展示这地方有多棒，并且把他们的职业前景描绘为"运营度假村的达人"。这个计划奏效了，新风逐渐吹进星野集团。

经营层面，星野集团最大的改革是打破部门间的隔阂。星野佳路鼓励员工负责多个部门的工作，并且给其他部门提意见。"过去餐饮部门很少接受别人的意见。结果就是，用户的意见无法传递到厨房，顾客满意度难以提高。"星野佳路在自传中举例说，在刚上任时，他接到过一个用户意见：轻井泽是内陆高山地区，为什么晚餐却有很多刺

从 2001 年接手山梨县一家濒临破产的酒店，并把它改造为"RISONARE 山梨八岳"开始，星野集团走出轻井泽，不断收购、改造危机中的度假设施。它尤其注重把度假村设计得更符合年轻夫妇和亲子家庭的需求，"RISONARE 山梨八岳"（01）的户外商铺街"甜椒小路"能同时满足大人和孩子的需要，并且根据季节变化面貌；Alts 滑雪场（02）则设置了色彩丰富的户外休息区，并且增加孩童游玩设施。这一战略的成功也让星野从一个家族温泉旅馆变成了一个现代酒店集团。

01   photo／星野集团

02   photo／星野集团

身？问了主厨，回答是因为缺少其他食材。最后，解决这个问题的是一位清扫部门的员工，她很熟悉本地山间的蔬菜和蘑菇。

类似的案例不断累积，星野集团不仅从家族生意蜕变为现代公司，甚至逐渐建立起日本企业中难得的扁平化组织。拍集体照时，大家也不会根据职位高低顾虑站位。

星野佳路的内部改革和银行工作经验，帮助星野集团与金融机构建立起了良好关系，公司得以有稳定的资金来源升级旅馆设施、扩大婚庆业务、回收土地。温泉旅馆的生意也逐渐回暖。

不过截至此时，星野佳路的改革仍然停留在轻井泽，它让星野集团本身焕发了活力，但这家公司本身仍没有运营管理现代度假设施的经验。直到 2001 年，一家金融机构找上了门，请星野集团出手接管一家位于山梨县的即将破产的酒店。

当时的星野佳路对酒店业抱有危机感。他出任社长后不久，日本股市大跌，政府出台

与连锁酒店不同，星野每运营一处酒店，都力求展现本地特色。比如，在温泉旅馆"界 津轻"中，温泉中放入了当地特色的苹果（03）；在"RISONARE 山梨八岳"，当地的葡萄酒种植园成为重点（04）。挖掘本地特色往往靠的是一线员工，比如"虹夕诺雅 轻井泽"的客房早餐，就是在本地员工的建议下，把当地蔬菜作为特色（05）。

了控制土地金融的法案，泡沫破灭了。根据早年在金融机构处理不良资产的经验，他判断旅游度假市场未来会不太好过。当时，大多数酒店开发者都是自己购买土地、自己建设设施、自己运营管理，高昂的前期投入使得项目资金回收周期往往长达 15 年，这可禁不住金融市场的震荡。

另一边，外资酒店一窝蜂进入东京，让酒店业竞争更加惨烈。1992 年，东京椿山庄大酒店开业，背后负责运营的是专营奢华酒店和度假村的四季酒店集团（Four Seasons Hotels & Resorts）。不久，柏悦酒店和威斯汀酒店也在东京拔地而起。这批外资酒店房间更宽敞、设备更新颖，被吹捧为压倒日本老牌奢华酒店的"新御三家"。

在轻井泽的星野集团或许能够置身事外，但星野佳路认为守成并非长久之计。星野集团最终接下了那家濒临破产的酒店，也就是后来的"RISONARE 山梨八岳"。以此为起点，在度假村纷纷倒闭的那段时期，星野集团开始扩张，逐渐成为一个业务覆盖全日本的酒店集团。

"RISONARE 山梨八岳"也是"度假村运营达人"最初的试金石。团队本来以为顾客会是有时间的老年夫妇，结果接待的是远道而来的亲子家庭，理由是酒店交通便利、房间宽敞。星野团队随即设计了很多针对儿童的活动，在女性杂志上投广告吸引三四十岁的母亲们，还建了一个具有山梨县特色的葡萄酒景点，很快就实现了盈利。

尝到甜头后，星野集团开始关注这类"不良资产"，收购、介入运营，例如 Alts 滑雪场、Tomamu 度假村等。这些项目，星野集团

注重自然环境保护是星野集团开发度假设施时的首要考虑之一。对顾客而言，融入自然环境的酒店设施，也能带来更加"非日常"的体验。比如"虹夕诺雅 轻井泽"就提供了半户外的 SPA 服务，窗外就是轻井泽的山水、树林。

大多采取"所有权和运营权分离"的方式。星野佳路的一个说法是,把两者分开,让持有所有权的开发公司出钱,运营公司就不用考虑回本的事,能毫无负债地扩张。

改造过程中,星野总是先砍掉亏钱的业务,再通过细致的市场研究调查,从服务和组织架构上动手,鼓励最了解当地风情的员工提出企划,以此提升酒店的顾客满意度——这就是星野后来鼎鼎有名的"魅力会议"的雏形。

2006 年,日本广播协会(NHK)推出纪录片《行家本色》,第一期的主人公就是星野佳路,他和他的同事被冠以"度假村的重生承包人"之名。

在扩展业务的同时,星野集团在 2005 年完成了它扎根轻井泽以来最大规模的改造,原来的温泉旅馆,连同周边被回收的土地一起,被改建为一个全新的度假村——虹夕诺雅 轻井泽。虹夕诺雅(星のや)也成为星野集团旗下最负盛名的品牌。

这座以"非日常感"为招牌的度假村,完整实现了进化后的星野集团对度假这个概念的理解。整个度假村建立了一套可再生能源系统 EIMY(Energy In My Yard),前人建造的水电站也被纳入其中。截至 2020 年,EIMY 可以满足"虹夕诺雅 轻井泽"71%的能源需求。

继承星野家族前人遗志创立的"野鸟研究室",也起到了保护自然生态的作用。1974年,星野附近的森林就成为日本第一个国家级野生鸟类森林保护区,生态旅游成了轻井泽新的传统。

酒店内,十多年来扁平化管理所积累的服务和运营人才使得"虹夕诺雅 轻井泽"很快建立起口碑,整个项目仅用 3 年多就收回初期投资。

截至 2022 年,星野集团已经开了 8 家虹夕诺雅,每座设施都与当地环境紧密融合。除了东京那家,所有的虹夕诺雅客房里都没有电视。在"虹夕诺雅 京都",你可以坐船前往藏于岚山之中的酒店,过几天隐居生活;"虹夕诺雅 东京"则选址在写字楼林立

photo / 星野集团

01

星野的子品牌在不断拓展"度假"的概念。OMO品牌主打城市度假，希望引领顾客探访酒店周围的街区。"OMO3 京都东寺"在大堂入口设置了一个示意图，帮助客人们理解东寺里佛像的含义（01）；"OMO5 京都祇园"的员工则会在开业前充分探访附近的商业街（02），寻找有魅力的城市散步目的地。而 BEB 品牌则完全为年轻人开发，试图塑造"在好友家中的慵懒感"，比如在"BEB5 轻井泽"的公共空间（03），顾客可以随意游戏、聊天。星野在夏威夷运营的 Surfjack 酒店（04），则因地制宜，以亲水的泳池活动为特色。

02   photo/佐佐木谦一

photo／佐佐木谦一

03　　　　　　　　　　　　　　photo／星野集团

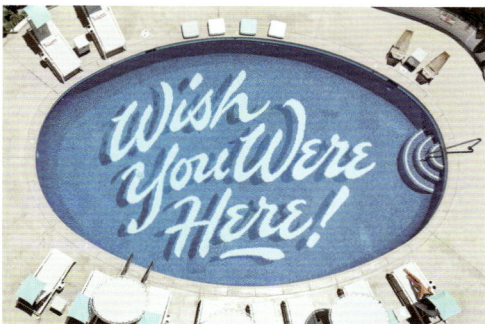

04　　　　　　　　　　　　　　photo／星野集团

的中心区域，开了一家都市内的温泉度假酒店。

虹夕诺雅这个品牌成功后，星野集团加速了扩张步伐。自 2010 年起，星野集团提出了 Master Brand 多品牌战略，彻底转型为一个多品牌的酒店管理集团。

除了已有的虹夕诺雅以外，大规模的家庭度假村被整合为 RISNOARE 品牌。另一个品牌"界"则主打日式精品温泉旅馆，主要经营方式是改造和运营各地已有的温泉旅馆或设施，比如位于日本石川县加贺市的"界 加贺"，就是一家 1624 年开业的温泉旅馆。

虽然各个品牌定位不同，但运营团队保持了星野集团已有的公司文化和运营策略：尊重一线员工、寻找本地特色、持续提升顾客满意度。最初倡导的跨部门建言献策，现在已经被归纳为一个名叫"魅力会议"的机制，而且大多数员工都身兼数职，并通过一个数字化系统及时接受顾客反馈。

如星野佳路先前担忧的一样，20 世纪 90 年代起，现金流断裂的酒店同行就不断出现。再加上金融危机和东日本大地震等外部事件的重大影响，星野集团在不断扩张的同时，必须要确保资金安全。

2013 年，"星野集团房地产投资信托基金"（Hoshino Resorts REIT）在东京证券交易所上市。这一机制为星野集团带来稳定的资金来源。此后，星野集团主导开发的项目大部分由该信托基金持有，星野集团则只负责运营和管理。星野集团还与日本政策投资银行合作，募集改造项目的开发资金。所有权、开发权和经营权的分开，确保了星野集团能以它设想的步伐推动扩张，而不会被资金困住手脚，同时也确保有足够的缓冲区抵御风险。

新冠肺炎疫情暴发后，星野佳路曾在 2020 年 5 月直言，集团的"破产概率"高达 38.5%，不过一年后，旅游业部分恢复，他把这个数字修正为 15%。星野也没有像许多连锁酒店一样，大幅裁员或收缩业务。

在完成经营体制的改革后，星野集团再次突破了已有的经营范围和活动区域。2017 年，巴厘岛的虹夕诺雅开业；截至 2022 年，它已经有 4 座海外酒店，最新的一家是中国浙江的天台山嘉助酒店。

2018 年，星野推出了都市观光酒店品牌 "OMO"，正式进入城市市场。2019 年又推出青年休闲酒店"BEB"。星野佳路在采访中强调，"如果我们想要在十年后仍拥有

photo／星野集团

photo/星野集团　　　　　　　　　　　　　　　　　　　　　　　　　　02

01

市场份额，就必须摆脱目前对婴儿潮一代的依赖，让年轻人成为星野的粉丝。"

星野佳路的下一个目标是北美洲。2021年3月星野佳路接受美国《彭博商业周刊》采访时直言，集团计划在3～5年内在北美洲开设一家日式温泉旅馆。星野佳路的说法是这样的："北美洲是星野集团绝对想去的地方。"值得一提的是，当年在美国留学时，星野佳路曾被调侃，明明是日本人，却穿着英式西服。他把这件事记在自传里，表达了想要寻找自身文化特色的企图心。

回顾历史，星野这个品牌一直处于东西文化互通的氛围之中，轻井泽因西洋文化而兴，身处其中的星野温泉经营的却是传统温泉旅馆，但后来又开拓了西式婚礼业务。星野佳路本人接班后的一系列改革，方法论上强调的是现代化管理机制和企业文化，但在具体运营酒店时，又以本土特色和日式的款待文化为切入点。恰到好处的东西交融是星野快速成长的关键。

星野曾经提出的公司使命是"让日本的旅游业不得了"（日本の観光をヤバくする），如今，星野集团的愿景是成为"世界通用的酒店管理集团"。看起来，它的进化之路还在继续。Ⓜ

不论是什么地区、什么类型的度假设施，星野都试图在其中创造一些具有稀缺性的体验。"虹夕诺雅 东京"为顾客提供了早晨的剑道体验项目，但它的位置不是在健身房，而是在可以一览东京景色的酒店楼顶天台（02）；"虹夕诺雅 富士"则用清晨泛舟的形式，让顾客体验富士山绝景（01）。

@虹夕诺雅 东京 photo／佐佐木谦一

PART 01

走进星野之前
先来理解何为度假

01

CASE STUDY:
轻井泽如何成为度假胜地

text / 杨丁 唐昕怡 photo / 星野集团

一百多年来，轻井泽的关键词一直是"度假"，但它不准备把未来全押在这两个字上。

轻井泽拥有一个日本度假胜地的所有典型要素：除了自然风光和适合避暑的气候，它还和"名人""名作"联系在一起。1957年夏，日本明仁天皇和美智子皇后在轻井泽网球场邂逅相识；约翰·列侬常年在此度假；日剧《四重奏》展现了轻井泽的冬日风光。1933年日本作家堀辰雄在轻井泽结识了未婚妻矢野绫子，并以此创作了中篇爱情小说

《起风了》，2013年宫崎骏将其改编为动画电影。

从东京乘坐北陆新干线，大约1小时就能到轻井泽。虽然距离不远，但轻井泽的风光与平原上的都市完全不同。它身处海拔1000米左右的高原，夏季气候凉爽。四周被山峰环绕，浅间山上融化的积雪，沿山谷

汇水线蜿蜒而下，汇聚成清澈见底的汤川，溪涧沿岸的河滩卵石上覆盖着湿润的鲜绿的青苔，落叶松和白桦树等植被茂盛，薄雾在山林间弥漫。独特的高原气候与自然景观也成为热爱山景、自然和历史爱好者的天堂。

今天的轻井泽町划分为 5 个区域，新旧轻井泽、南轻井泽、中轻井泽、信浓追分以及盐池地区。其中最能代表轻井泽氛围的是旧轻井泽地区。不同于传统日本街镇的建筑风格，这里有很多的年代感十足的洋房别墅和欧式教堂，这种独特的风貌发源于 19 世纪末。

源于自然环境的避暑胜地

1886 年夏天，难以忍受东京酷暑的加拿大传教士亚历山大·克罗夫特·肖（Alexander Croft Shaw）到访轻井泽，对这里的自然风光和舒适的气候印象深刻，修建了自己的第一座别墅"复元"，轻井泽的避暑美名就此在日本的外国人群体中传开。到了 1932 年，外国人在轻井泽一共拥有 1096 栋度假别墅，渐渐地，周边建起了商业街、教堂和美术馆。随后，中轻井泽和南轻井泽也逐渐发展。

经过一百多年的开发，如今轻井泽的居民早已不仅是西方传教士的小圈子，它的规模也早已不限于旧轻井泽地区，系统性、大规模的开发，再次改变了轻井泽的样貌。这背后有两个开发者——星野集团和西武集团——最具代表性。有趣的是，它们开发轻井泽的方式大相径庭。

轻井泽，是星野生意开始的地方。1904 年，星野家族第一代经营者星野国次在轻井泽町以经营林业起步，10 年后开始运营第一家山林中的温泉旅馆。直到 2001 年，星野集团第四代经营者星野佳路才跳出轻井泽，在日本各地改建、运营和再开发度假村以及温泉旅馆。

2005 年 7 月，星野完成了对星野温泉的改建，推出了旗下重要的高端度假品牌"虹夕诺雅"。这座度假村位于中轻井泽，这里有千之龙瀑布、野鸟森林、汤川，是轻井泽自然环境最优质的区域。

01 日本浮世绘名家歌川广重所画的 19 世纪早期的轻井泽。这一时期，外国人逐渐注意到轻井泽夏季凉爽宜人的气候环境，开始在这里建造度假别墅。
02 成为避暑胜地后的轻井泽，不乏名人逸事。1957年夏天，日本明仁天皇和美智子皇后就是在轻井泽的网球场上邂逅的，此后他们常年保持到轻井泽度假的习惯。

01—02 1964 年，归属于星野集团的山林地成为日本首例野生鸟类保护林区。星野在这个保护区开发了以自然环境为主的游览项目，以及一个名叫 Picchio（意大利语中意为"啄木鸟"）的环保 NGO 组织。图中为 Picchio 组织的导览活动。
星野集团的"虹夕诺雅 轻井泽"（04）是这一地区最具代表性的度假设施之一。此外，星野集团还在轻井泽建立了诸如蜻蜓温泉"Tombo no yu"（03）、村民食堂在内的非住宿设施。此时的轻井泽，已经不是那个传统的西洋别墅为主的避暑胜地了。

01   photo／星野集团

02   photo／星野集团

自然风光是"虹夕诺雅 轻井泽"最大的特色，星野在开发轻井泽时，也把保护生态放在首位。

1964 年，在星野温泉旅馆第二代经营者星野嘉政的努力下，归属于星野集团的山林地被规划为鸟类保护地 Picchio（意大利语中意为"啄木鸟"），成为日本首例野生鸟类保护林区。

自 1929 年以来，星野温泉一直使用水力发电。在"虹夕诺雅 轻井泽"的改建工程中，花费时间和经历最多的设施，就是一套利用地热能源的供暖系统。这套系统让整个度假村将近 70% 的能源都可以自给自足。除了摆渡车，整个"虹夕诺雅 轻井泽"几乎没有使用矿物燃料的设备。

厨余是度假村占比最高的垃圾类型，也是周

03   photo／星野集团

边环境的一大负担，使用普通垃圾处理器很难将其堆肥，因为垃圾中含有大量来自食物残渣的油。在研究了各种方法后，星野终于在与轻井泽地区一家非营利组织的合作下，将食物垃圾与附近牧场生产的堆肥混合在一起。星野还与使用堆肥的农民建立了合作关系。度假村会购买农民们种植的蔬菜，由此建立起一个资源回收循环。

另外，星野开发了一套菜单系统来减少食物的剩菜量，客人可以选择自己的菜单和食物的数量。2011年，轻井泽星野地区的垃圾回收率达到100%。

星野集团把环境问题视为度假村的一大重点，原因有二：第一，社会对于企业耗能和污染的管控肯定会越发严格，不提早做好准备，就会增加成本，降低竞争力；第二，环境保护水平正在成为度假村评判标准中非常重要的一环，做不好这一点，可能会失去顾客。

此外，环境保护措施也是新开发项目能否落地的重要一关。环境将成为向投资者和业主证明管理质量的重要证明。而且，地方政府经常参与度假村开发，在它们眼中，自然环境是重要的当地资产。

photo／星野集团

01

02

1963 年，轻井泽举办了世界速度滑冰锦标赛（02）。同一时期，以西武集团为代表的开发商开始在轻井泽建立滑雪场，如今冬季的轻井泽已经成为日本的滑雪胜地（01）。

除了不同类型的度假酒店，西武集团还在轻井泽兴建高尔夫球场（03）、购物中心、马术场和温泉等设施，这种"一站式"的开发方式密度更高，也更激进。

大规模开发的两面

比起星野融入轻井泽自然生态的开发方式，西武集团更激进。

西武商业帝国建立在铁路沿线，"建设轨道交通＋开发沿线地产"是它的核心模式，这让它成为日本重要的城市开发者。同样，西武集团在轻井泽的"领地"，位于轻井泽南部，紧挨着轻井泽 JR 火车站和新干线站，名叫西武王子度假区。

这是一个庞大的项目，包含 5 家酒店、6 座规格不一的高尔夫球场和轻井泽王子购物广场。在这基础上，西武王子度假区逐步配置了温泉、马术、网球场等运动休闲项目，构成了"一站式"的度假胜地。

1913 年，东京地区旅游业尚未起步，西武集团创始人堤康次郎低价买进了的轻井泽町未开垦的自然土地。此后 40 年间，西武集团不断在未开垦的自然地上采取了高强度的开发方式，修建酒店、度假别墅以及休闲设施，期望通过开发提升地价。

然而这样的开发方式受到质疑：大量人工构筑物的建设，一定程度上破坏了轻井泽的森林、山地环境。这很快引发了当地居民的不满。

1972 年，轻井泽町政府颁布了《轻井泽自然保护对策纲要》，明确了"享受自然，人与自然和谐共生"的核心原则。纲要中对别墅区和商业用地划定了一系列严格的开发准则，并且强调了森林保护、水资源保护、文物保护以及垃圾处理等方面的重要性。1973 年，政府和新旧居民共同制定了《轻井泽町市民宪章》，制定了一系列软性的行为准则，包括保护生态环境、维护小镇整洁、维持治安。

虽然西武集团的高强度开发破坏了轻井泽的自然风貌，但硬币的另一面，它解决了轻

03

井泽一直以来冬季旅游低迷的问题，大幅增加了轻井泽的客源。

轻井泽以夏季避暑闻名，至今仍有许多店铺仅在夏季营业。1961 年，日本经济进入腾飞期，西屋集团的继承人、堤康次郎的次子堤义明把旅游地产视为开发重点。在当地政府的支持下，西武集团在轻井泽修建了高山滑雪场等运动设施。两年后，轻井泽町争取到了第 16 届日本国民体育大会冬季滑冰比赛的举办权，并开设了滑雪巴士。当年，轻井泽町吸引了众多滑雪爱好者，滑雪游客量超过 50 万人次。这也为西武王子度假区聚集了大量人气。

1985 年后，日本进入泡沫时代，房地产开发火热，西武集团也在这一时期通过向金融机构大量贷款，在日本修建了数十处滑雪场、上百个高尔夫球场，轻井泽王子大饭店配套的 6 大高尔夫球场也是那一时期的产物。

1998 年长野冬季奥运会结束后，堤义明买下奥运比赛举办场所——志贺高原烧额山滑雪场，并开发了志贺高原王子酒店。这一举措再次带动了西武王子度假区滑雪热，次年，西武旗下滑雪场的年营业额迅速飙升至 80 亿日元（约合 4.86 亿元人民币）。

经过战后到泡沫经济时代大规模的开发，如今西武王子度假区也在转变开发方式。2015 年，森林木屋 THE PRINCE VILLA KARUIZAWA 采取了独栋别墅融合森林的低密度开发方式，并布置了 Nature Kids Forest House，可以引导儿童参加自然体验活动，比如在空气清澈的冬夜，围着篝火观星、泡温泉。

2016 年，轻井泽王子购物广场采用低容积率开发方式扩建，一层建筑与自然环境相融合，大量室内外相融合的灰空间，给购物增添了不少新体验。扩建后的轻井泽王子购物广场集合了 240 家国际及日本本土品牌店铺，成为日本关东地区规模最大的奥特莱斯。

当地政府还在持续推进保护生态环境的事业，积极梳理地域山脉水系，沿着汤川，建设绿色公共空间——汤川公园、风越公园、矢崎公园，将浅间山余脉的森林引入轻井泽城镇，即为南北山林地的动植物预留一条生态廊道，同时也为轻井泽当地的居民提供绿色空间。沿街建筑立面也被严格控制，政府主导建设统一的游憩设施，包括路边的座椅，旅游导览系统，这一切形成了如今轻井泽的风貌。

轻井泽的成功绝非偶然。优越的交通、精准的客群、独特而丰富的自然资源是它成功的先决条件，文化底蕴与名人影响力吸引客源到来。而政府、投资者、运营者与当地居民

"工作日东京、周末轻井泽"的两据点生活正在普及。更有一些公司和个人把工作场所也搬到原本用作度假的轻井泽别墅里。图为轻井泽一座建于 2007 年的新别墅"鹤山庄"。

协同制约让轻井泽得以持续发展。

度假以外的新探索

一百多年来，轻井泽的关键词一直是"度假"。但它不准备把未来全押在这两个字上，而是试图吸引新的人群。比如刚开始工作和创业的年轻人。

2020 年，轻井泽的地价比上一年同期上涨 5.19%。其中有不少买家，是原本在东京工作的人。疫情影响之下，远程办公从应急措施变成了许多公司的常态，这成为不少年轻人移居轻井泽的契机。对他们而言，轻井泽是一个绝佳的办公场所：自然环境优越、配套齐全、生活节奏适中，还有许多别墅——对于小型公司来说，别墅是个不错的办公空间。

数据显示，疫情的确助推了轻井泽的人气。根据 NTT Docomo Inc. 的 GPS 数据，2021 年 5 月，轻井泽奥特莱斯购物中心的顾客达到顶峰，当时东京还处于紧急状态。

当年的 7 月下旬，轻井泽奥特莱斯购物区的访客人数是上年同期的 1.5 倍。

2016 年，轻井泽町全年的经济总产值将近 100 亿日元（约合 6.64 亿元人民币）。各产业产值排名中，与地产开发相关的不动产业、不动产建设服务业以及建筑业独占鳌头，承包前三甲。轻井泽的支柱产业还是别墅开发。到 2017 年，轻井泽已建别墅 15763 座，有一半别墅还存在空置问题。随着疫情暴发，国际客源骤减，轻井泽的别墅空置越发严重，这也催生了越来越多重新利用轻井泽的资源的想法。

长野县一家名叫"forest corporation"的建筑地产公司，在 2019 年开设了轻井泽分店。疫情之后，吸引东京的公司把办公室搬到轻井泽成为它们的主业。

信州大学特聘教授铃木干一在接受每日新闻社采访时说，疫情期间，人们对从城市"撤离"的兴趣很高："工作方式的改变几年前就已开始，越来越多的东京人开始考虑换个地方生活，或是两地生活。疫情影响下，这种兴趣正在变成现实。即使疫情得到控制，这一趋势可能也不会改变。"

2021 年西武集团在轻井泽一个新项目开业，这是一个名叫"Workation Core"的共享办公空间，它的传播文案是：后疫情时代度假区的全新工作生活提案。

从夏季的避暑胜地，到冬季的滑雪度假区，再到成为新型的办公空间，轻井泽作为一个度假胜地的价值在一百多年来被不断挖掘。其中充满了开发商、政府、居民、自然环境的互动和博弈，这个过程也将持续下去。Ⓜ

OLD SCHOOL:
温泉旅馆简史

text／刘家怡　photo／佐佐木谦一　星野集团　illustrator／于瑒

地，每分钟涌出 250 万升泉水，相当于每 5 分钟就填满一座西湖。日本在这些温泉地建起了 1.3 万座温泉旅馆，它们每年接待 1.2 亿人次的顾客，这个数字接近全日本的人口。为了规范温泉的开发运营，日本甚至颁布了一部《温泉法》。

千年以来，日本人的历史和日常生活都"浸泡"在温泉中。

古代日本将温泉视为一种治疗手段。早在公元 733 年编纂的《出云国风土记》中，便有关于"汤治"的记载，在日语中，"汤"意为热水、开水，也可指代温泉。

日本最古老的温泉旅馆庆云馆，最早就是温泉疗养之地。它与《出云国风土记》时代接近，建于公元 705 年，当时的日本处于飞鸟时代庆云 2 年，庆云馆由此得名。历经 1300 多年，庆云馆所处的西山温泉从未枯竭，至今仍在开门迎客。

相传日本战国名将武田信宏和德川家康都曾到庆云馆泡温泉。穴山梅雪是武田信宏的得力家臣，名列武田二十四将，也曾造访庆云馆，向旅馆中供奉的温泉之神献上了一副铜锣。这副铜锣至今仍珍藏于庆云馆内。

环太平洋火山地震带频繁的板块运动，给日本带去地震、火山喷发和海啸，但也赋予它一个重要的财产——温泉。

日本人把这种地下涌出的泉水视作珍贵的疗愈资源，在旁建设住宿设施，逐渐形成以温泉旅馆为核心的独特度假文化。

截至 2021 年，日本开发了 3000 多处温泉

日本战国时代政局纷争，隐秘的温泉成为群雄治愈身心、恢复体力的庇护所。庆云馆当时还未在室内引入温泉水，但距离温泉仅有几步之遥，与山色几近融为一体。

早年间的温泉旅馆大多与庆云馆相似，选址温泉地附近。江户时代以前，受制于挖掘技术，温泉旅馆多以邻近的温泉或室外浴场招揽客人，只有少数独栋温泉旅馆在浴室中

挖水槽，引入温泉水或蓄热水供客人浸泡。

从江户时代到明治时代，挖井技术有所提高，依靠人力便可挖掘 500 米以上的深度，传输热水的基础设施也日渐完善，温泉水可被引入室内。这大大刺激了温泉旅馆的兴建和改造，铁轮温泉、别府温泉等地热旺盛之地逐渐形成旅馆聚集的"温泉街"。

随着温泉旅馆数量的增加，温泉也从贵族阶层享用的场所，逐渐向普通人开放。"一泊二食"这种温泉旅行方式，也在江户末期逐渐成型。在休息日，去温泉旅馆，享受当地时令食材制作的料理，泡完温泉，过一夜，第二天早上用完早餐后离开。这种简单又完整的体验，至今也是温泉旅行最常见的方式。

传统的温泉旅馆多为木质建筑，高低比邻，林立于温泉街两侧，以各色招牌、门帘点缀。夜晚灯笼亮起，罩上一层昏黄薄雾，形成温泉街的典型形象。动画电影《千与千寻》中，各路神明每晚穿过红色大桥，来到主人公千寻打工的浴场"油屋"泡温泉。进入温泉街后，游人仿佛就进入另一个世界。换上浴衣，脚踏木屐，穿行于水汽氤氲的旅馆之中，是在温泉街留宿的一大乐事。

这时的温泉，已经不单是治疗身体疾病的手段，而是成为疗愈身心的场所，拿现在的话说，成了一种"生活方式"。历史上的温泉爱好者不乏文化名士，这又让温泉成了日本文化作品中"背景"一般的存在，绵延至今。

"我独自旅行到伊豆来，已经是第四天了。在修善寺温泉住了一夜，在汤之岛温泉住了两夜，然后穿着高齿的木屐登上了天城

01 庆云馆所在的西山温泉在 1300 多年的历史中始终喷涌，从未枯竭。

02 温泉发掘技术的提升，让温泉更容易被引入旅馆内部，也让旅馆有能力根据自己的需求和审美设计浴场，这大大推动了温泉旅馆的普及。图为日本新潟县的松泉阁花月温泉旅馆中一处客房旁的浴场。

03 道后温泉街曾是夏目漱石沉迷的休憩之所，也是动画电影《千与千寻》中重要场景的原型。

04 一泊二食成为最典型的温泉旅行模式，在很多日本温泉酒店，会提供一套颇有日式风情的会席料理作为晚餐。

01　　　　　　　　　　　　　　photo／维基百科

02

03

04

山。"川端康成在成名作《伊豆的舞女》的开头中这样写道。

坐落于伊豆的汤之岛并非虚构，川端康成本人从 1918 — 1927 年期间，每年都要去那里疗养，缓解他的神经痛，《伊豆的舞女》也是在这里诞生的。

另一位日本文豪夏目漱石也钟爱温泉。1895 年，夏目漱石在爱媛县松山市教书，他最爱的去处，就是当地的道后温泉街。

小说家高滨虚子在著作《伊予之汤》中，记下了夏目漱石沉醉于道后温泉的往事。"他（夏目漱石）一有空就来道后温泉，也不用肥皂或毛巾仔细清洗，只是随心所欲地泡温泉，打发时间。"每天下课后，夏目漱石便马上带上毛巾，赶来温泉。他也不是没想过早点离开松山，但在道后温泉中消磨时间，放空自己，成为他最难以割舍的事情。或是受此影响，在小说《哥儿》当中，前往四国担任数学老师的主人公被夏目漱石塑造成每日必泡汤的温泉狂热爱好者。而道后温泉街，正是《千与千寻》中"油屋"的原型。

如今，在日本文化作品中，温泉旅馆逐渐成为一个标志性的意象。家人、恋人、友人，总是在恰当的时候来一场温泉旅行。当故事场景被搬到温泉旅馆时，往往意味着情节有重大推进，或是人物关系有重大变化。

20 世纪 50 年代，日本进入战后经济高速增长期，休闲度假的需求迅速膨胀。同时，不断兴建的铁路、高速公路，使得人们可以用便捷、廉价的方式到达远离城市的温泉旅馆。温泉旅行进一步普及。

1966 — 1973 年，日本全年温泉住宿设施接待人次从 9000 万增加至 1.2 亿。随着造访温泉的人数增加，温泉旅馆设施开始规模化发展。20 世纪 70 年代，以大阪举办世博会为契机，日本掀起一股西化的旅游风潮，不少温泉旅馆将木质房屋改造为水泥建筑，本土温泉旅馆开始吸引外来资本的目光。正是这个时候，大部分温泉地从早期的疗养场所转型为兼顾观光娱乐的旅行目的地。

到了 20 世纪 80 年代，日本进入泡沫经济时期，这时日本人对于温泉旅馆的期待越发提高，温泉旅馆的风格也开启了一场从西洋风向日式传统风格的回溯，"和风"再次被视为一种高品质的象征。以榻榻米作地，以木框糊纸作门，搭配矮茶几和壁柜，点缀以

花艺与人偶，这成为一家"地道"温泉旅馆的标配。

温泉旅馆曾经是日本人唯一的度假方式。但进入当代，温泉旅馆在享受经济腾飞红利的同时，也面对了更多的竞争对手。大型的度假村、以其他自然风光为卖点的度假酒店越来越多。从数字上看，温泉旅馆似乎有些式微。1992 年，日本全年温泉住宿设施接待 1.43 亿人次，达到巅峰，之后便呈现缓慢下降趋势。

与现代化的酒店或宾馆相比，大部分温泉旅馆因建成时间较早，建筑、设施相对老旧，房间较为狭小。根据日本厚生劳动省《旅馆业法概要》规定，酒店的房间面积需要达到 9 平方米以上，旅馆的房间则只需达到 7 平方米。

随着人们生活方式的转变，和式室内配套在公寓、住宅中日渐罕见。住在都市公寓中的现代人，习惯坐椅子，躺在床上睡觉。来到旅馆，在榻榻米房间中不能穿拖鞋，只能穿袜子或光脚，席地而坐，晚上躺平、盖上棉被，即可入睡。于老一辈而言，一系列古早的生活方式让人感到亲切。但对年轻一代来说，入住旅馆却是一种非日常体验，远道而来的外国旅客更是难以适应。

对于强调个人隐私的现代人而言，温泉旅馆还有不少不便之处。在木框上糊纸的拉门往往不能上锁，隔音性也较差，让人缺乏安全感。部分和式旅馆房间内没有独立卫浴，旅客只能到房间外使用公共卫浴，这也让人难以忍受。

硬件以外，传统温泉旅馆相对简单的度假

现在的温泉旅馆不再千篇一律。在一条温泉街上，会有现代风格的大规模酒店，也会有传统的日式温泉旅馆。西式和日式的酒店经历过此消彼长的竞争时期，如今已经形成消费者各取所需的平衡状态。图为不同风格酒店并存的北海道定山溪温泉街。

photo／星野集团

模式，也逐渐丧失吸引力。现代化酒店大多包含健身房、卡拉 ok、游泳池、迷你酒吧等休闲设施，而温泉旅馆则以泡温泉和用餐为主。温泉旅馆大多讲究二食制，提供早餐和晚餐，时间固定，略为死板。晚餐由服务员将饭菜送入客房。对于习惯了功能性分区的现代人而言，并不是谁都习惯在房间内用餐。面对陌生人进入房间，也是一个不小的挑战。

温泉旅馆做工精细，相对酒店而言客房数量较少，大部分旅馆只有十几二十间客房。根据《旅馆业法概要》，旅馆最少只需配备 5 间客房即可。即便在旅游旺季，旅馆可以容纳的客人也相当有限。部分旅馆地处深山，交通不便，更是冷清。汤本馆每天只能供应 11 间客房，但即便有川端康成多次下

脱胎于星野温泉的"虹夕诺雅 轻井泽"，在保留传统温泉旅馆服务特色的同时，也打破了很多常规，顾客不用非得接受酒店安排好的"一泊二食"，而是可以在度假区内选择自己想要的餐食。图中的大堂餐厅，会结合户外的庭园营造不同的氛围，在夏季打开左侧的玻璃门，客人可以看着庭院里的水流就餐；冬日午后的斜阳，则正好适合在右侧二楼的图书馆享受阅读时光。

榻的光环加持，依然终年住不满客。

同样让旅馆感到苦恼的，还有人才问题。传统温泉旅馆多为家族式经营，旅馆掌门人仅可传给长子或长女的入赘丈夫。若无后代，或子女对继承旅馆不感兴趣，温泉旅馆便面临后继无人的困境。部分旅馆地处偏远，只能靠家族成员或本地劳动力维持运转。虽然员工可能对于当地环境及旅馆历史更了解，但对于新兴管理及营销方式，比如社交网络，却往往缺少敏感度。

在此背景下，不少传统的温泉旅馆开始调整策略，以适应新时代的旅客需求。

上千年来，庆云馆一直采取家族式经营模式。直至 2011 年，第五十二代传人深泽雄二由于膝下无人继承旅馆，因此决定将旅馆继任者交由生于宫崎县、1984 年来到庆云馆工作的川野健治郎。与其通过收养养子让庆云馆维持家族式经营，深泽雄二认为，将旅馆托付给共事多年的伙伴，更符合时代的潮流。在给川野健治郎的信中，深泽雄二如此写道："我们已经一起工作了快三十年，（庆云馆）就交给你了。我会完全抽身，你做你想做的事情就好。"

根据人们生活方式的变迁，旅馆也在尝试调整配套设施。

1914 年，星野温泉旅馆在轻井泽开业，成为星野集团的前身。至今，星野集团已成为拥有百年历史的度假村管理品牌。2005 年 7 月，虹夕诺雅轻井泽开业，成为星野高端奢华度假村品牌虹夕诺雅的开山之作。虹夕诺雅轻井泽有只配床褥的房间，也有榻榻米房间。榻榻米房间中增加了矮床榻和床垫，

更为符合现代人的就寝习惯。此外，虹夕诺雅基本放弃了一泊二食的执念，由顾客自由选择进食时间及食物，实现泊食分离。

当然，并非所有温泉旅馆都希望走所谓现代化的道路。

旅日作家库索在疫情期间曾造访若狭地区的虹岳岛荘温泉旅馆。木质建筑老旧昏暗，鲜有年轻人，终日只有一位老太太充当服务员。旅馆提供一泊二食，旅客需在早上 7 点 45 分和傍晚 6 点到湖边的大广间准时集合，方可用餐。

库索还记述过一次波折的日本东北温泉旅行。为了到达青森县深山之中的青荷温泉，"需要先搭乘 JR 电车到弘前站，然后换乘 1 小时地方电车，从电车终点站乘坐半小时巴士到达终点站，再由专车接往旅馆。前往旅馆的途中，皆为险峻山路……"青荷温泉旁的旅馆不仅地势险要，还没有手机信号，甚至不通电，仅靠煤油灯照明。

在旅馆的楼梯角，库索看到一张东北观光宣传海报，上面写着：没有电视的安静住宿，除了泡温泉之外没有别的事情可做，只是纯粹地享受温泉，这是它最好的地方。

与不断改良的现代化旅馆相比，旧有的温泉旅馆注定难以扩大经营。对于坚持传统经营方式的温泉旅馆老板而言，不提供一泊二食不可理喻，在榻榻米房间中放入床褥则是离经叛道。来到古老的温泉，或许就是要遵循某些作息规律与习惯。

现代化温泉住宿设施招揽更多客人的同时，日本的温泉旅馆仍然保有了这种多样性。Ⓜ

Tips: 日式温泉旅馆入浴指南

尽管温泉旅馆的形式推陈出新，但温泉始终是为人提供安静、休憩的场所，温泉的入浴礼仪也相对固定。以下是一份根据日本温泉协会资料整理的入浴习惯及礼仪。

安全须知

① 形态：心肺功能较弱者，尽量选择半身或身体局部浸泡温泉，避免全身浸泡温泉。
② 次数：连续数日泡温泉者，前几天每天建议泡一到两次，形成习惯后再增加至每天两到三次。
③ 时间：初次泡温泉，建议泡 3 到 10 分钟，习惯后增加至 15 到 20 分钟。
④ 温度：老年人、高血压患者、心脏病患者及中风患者，避免浸泡 42 摄氏度以上的高温温泉。
⑤ 老年人、儿童及行动不便者，尽量避免单独入浴。

入浴前

① 避免在饭前饭后、饮酒后及酩酊状态下入浴。
② 过度疲劳时，稍作休息再入浴。
③ 为避免入浴时(尤其是起床后入浴)身体脱水，入浴前需补充水分。
④ 入浴前可通过淋浴等方式清洗身体。
⑤ 入浴前绑起头发，以保持浴槽清洁。

入浴时

① 入浴时保持安静，不要大声讲话，不要在浴槽中游泳或嬉闹。

② 从浴槽出来时，不要猛然直立起身，缓慢起身离开浴槽即可。

③ 在浴槽中感到晕眩，或身体不适时，向附近的人求助，同时保持轻微低头，缓慢离开浴槽。

④ 可携带毛巾擦拭水分或汗水，但为了保持浴槽清洁，切勿将毛巾带进浴槽，也不要在浴槽内搓澡。

入浴后

① 用温水清洁身体上附着的温泉成分，再用毛巾擦拭，注意穿衣保暖，休息约 30 分钟。

② 为避免身体脱水，及时补充水分。

NEW TRENDS:
旅人心中的度假，
各不相同

度假（Vacation）是现代社会的产物。健全的休息日制度、远距离交通工具的进步、庞大的中产阶层人群，在这些基础之上，度假才开始普及，并逐渐形成了一些刻板印象。但如今，度假的方式越来越多元。不同个体的度假选择，也会折射出一部分群体的真实想法。毕竟，度假是最由着性子的事。

旅人
01

方雨瑶

24 岁

学生

方雨瑶是荷兰阿姆斯特丹大学的研究生。她为自己选择了一种很不轻松的度假方式——参加科考营。她去过西藏、越南和南美的加拉帕戈斯。方雨瑶不喜欢躺在海边的那种度假，相比之下，一头扎进陌生的自然环境，观察动物和植物，是她更喜欢的"回血"方式。

方雨瑶：
躺着度假没法让我回血

text / 程悦 photo / 方雨瑶

Q: 参加科考营的都是什么样的人？

F: 时间自由的人，还有就是大家都有一颗冒险的心，所以旅途中也很聊得来。对我而言，旅行中遇到的人也是很重要的事。大家都挺合拍的，有的朋友没有断了联系，还会时不时分享最近新去的地方。

Q: 科考营的体验是怎样的？你第一次为什么选择加拉帕戈斯？

F: 科考营其实介于科学考察和户外旅行。其实它没有想象的那么艰苦，有专业人士带团，餐饮住宿和基本的医疗救护也有保障。第一次去加拉帕戈斯，是在南美的一个岛上。我们会坐船，看一些从未见过的动物。当然也有不适应的地方，比如有一个岛上遍布海鬣蜥，它们体型很大，身上有很多棱角，还会随时会吐一些咸腥味的液体。我就特别害怕，还哭了，最后是闭着眼睛，让别人带着我走过去。

Q: 专业学者带队会给旅途带来哪些不同的体验？

F: 随团专家非常重要。他一般有两个工作，一个是晚上的讲座，他会把沿途的地理和自然情况介绍给你。第二就是在野外时，随时给你介绍，看到什么说什么。这是科考营中最有趣的部分。我们的随团专家在动物领域研究非常专业，也办过很多讲座，很会讲故事，能给我带来很多知识。对我来说，全程不会太紧张，一直处于兴奋地学习和体验状态。

Q: 参加科考营印象最深的经历是什么？

F: 我看到太多前所未有的风景。其中一次是在滇越铁路上。我们去体验了一条很古老的火车线路。火车的车厢很狭小，所有的灯都熄灭了，我们就在听火车开过铁轨的声音，感受着自己离国境线越来越远。这时候有人在车厢当中点亮了一台很古老的红色台灯，一瞬间我感觉自己穿越了时空。

Q: 你喜欢传统的度假方式吗？比如躺在酒店里，放空自己。

F: 我觉得科考营非常符合我内心对度假的定义，我理想中的度假是最大限度地创造体验。在时间有限的情况下，如果你只是在海边，所谓放空自己，可能是不够的。片刻放空后回弹的空虚感很强烈。但是如果把科考营这种活动视作度假，可以让我一头扎进去，这对我而言才能够真正迅速回血，也是能反哺日常生活的真度假。

吴文芳

71 岁

旅行纪录品牌创始人

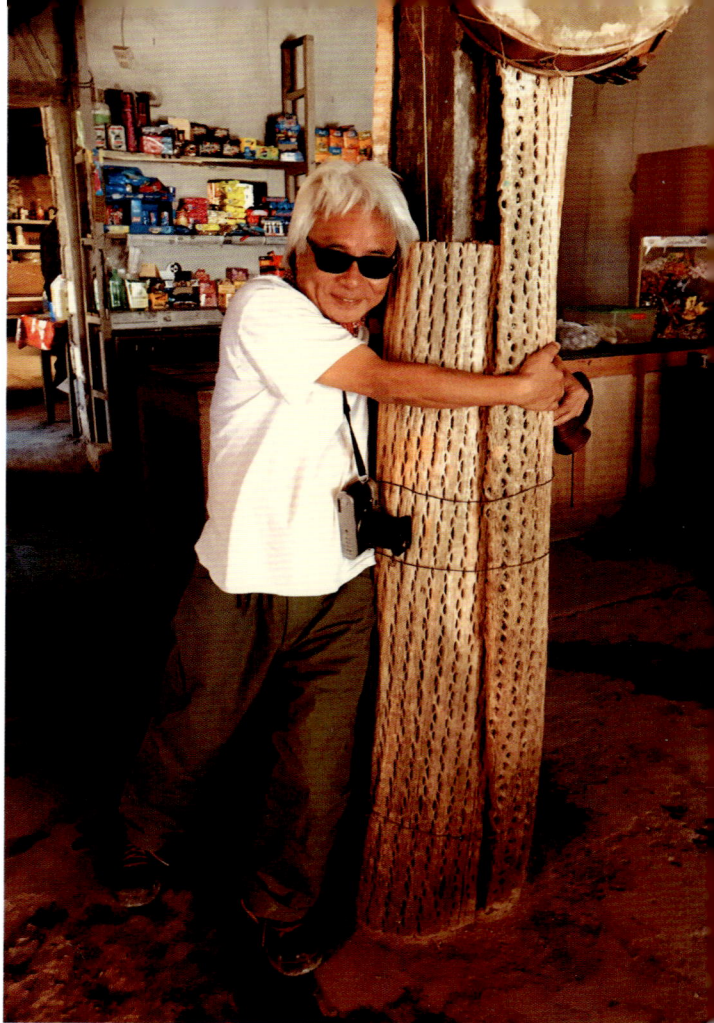

旅人

02

吴文芳在广告业功成名就。他是某家 4A 广告公司首位华人创意总监，曾为香港特首候选人连任竞选提供策略咨询。工作以外，他是个旅游爱好者。在 60 岁那年，吴文芳把爱好变成新的工作。他创办了一个旅行内容品牌 40urs，把自己的环球旅行经历拍成了纪录片。

吴文芳：
酒店能包容的东西太多了

text / 罗焕婷　photo / 吴文芳

Q = 未来预想图（Dream Labo）
W = 吴文芳

Q：自己去旅行是一回事，把旅行经历拍成视频传播是另一回事，最根本的动力是什么？

W：我想是共鸣。如果一个人一辈子只在一个地方生活，地球上其他人的文化、生活习惯、吃的东西、唱的歌，这个人就不会有机会去享受了。另外，我非常希望可以消除一种偏见，就是别人的东西一定不好，只有自己的是好的。因为我觉得当一个人见识的越多，就会越包容。小的时候，曾经有算命先生说我一生坐飞机的次数要多于坐地铁的次数。当时我觉得这人是胡说，没想到如今应验。

Q：疫情对 40urs 影响不小，疫情后你会继续旅行拍摄吗？

W：在没有疫情之前，我出国参加一些旅游同行的研讨会，会遇到很多外国同行来问我关于中国游客的问题，他们不知道该如何和中国游客相处。这中间有文化差异，也有一些偏见和刻板印象。这也是 40urs 的价值之一，消除这些刻板印象。这是疫情之后我想继续做的事，我相信疫情不会终止一切。

Q：你认为什么样的酒店是好的？

W：酒店，这两个字绝对是给人许多联想的地方。在中国古代，并没有酒店的概念，客栈是一个提供在旅程上，睡觉过夜的地方。历史上，大家公认世界上第一家可以称得上为酒店的是一间在日本经营的温泉疗养院，大概在公元几百年，是给客人或者说病人提供一段时间用温泉治病的地方。所以才会有早午晚三餐和晚上睡觉的设施。因为一个温泉的管理需要人手，就需要更多的客人在一起去享用而分担费用，于是才有慢慢有了度假酒店的雏形。而现在，酒店能包容的东西太多了，远远超出这两个汉字的字面意思。

我自己的话，有小孩之前，我对酒店的要求是地方越奇怪、设施越奇特越好。比如我想睡在高山的山洞里，睡在动物就在左右的帐篷里，睡在冰块上的冰酒店。有了孩子后，我对酒店的要求就是干净，要有热水冲奶粉，最好还要有超浅的宝宝泳池。

Q：你自己出去度假，和带着拍摄目的去度假，这两者有什么区别？可否举一些例子？

W：出外工作，酒店要求是交通方便，度假游玩就要越隔绝越开心。后来就开始希望可以多点自己跟家人一起生活的感觉，就爱上了在山头上租一个房子，关起大门，做饭，谈天说地。这也是为什么我总在怀念托斯卡纳的那一间石屋旅舍。有几年，我和家人到了夏天就去托斯卡纳，下午三点，我和两个女儿一起去山的另一边买冰淇淋，看着很近，但山路多弯，吃上冰淇淋已经是下午四点。

李恩童

22 岁

学生

旅人
03

李恩童（Yan Tung Ada Li），2000 年出生于中国香港，现在就读于美国波士顿大学，主修社会学和考古学双专业。她的父亲从事环保行业，受其影响，她在度假时十分注重环保问题。当地的自然生态和环境保护水平，也成为她选择度假目的地的重要因素。

李恩童：
度假中最注重的是环保

text／唐昕怡 photo／李恩童

Q = 未来预想图（Dream Labo）
L = 李恩童

Q：你是从何时开始注重旅游中的环保意识？

L：我在参加巴黎气候大会之后发现，原来环保不仅仅是政策上的东西，或者是可再生能源这些很大的名词。其实环保也可以在旅游业或在别的行业中体现，这两年我观察到欧美很多大的酒店集团，都在关注可持续。比如，如果你不需要洗毛巾，就可以在上面放一个提示牌。这个习惯都可以养成。

Q：你去过的度假村，有哪些在环境保护令人印象深刻？

L：我之前去了一个叫 The Brando（白兰度度假村）的岛。度假村坐落在一座由珊瑚礁围绕的环岛上，所以他们很在意岛上的生物多样性。岛上有专门的研究人员研究如何保护海岛中间的珊瑚礁，也有学者在这片珊瑚礁上从事海洋生物的学术研究。这片区域的海水非常浅，周围不可以钓鱼，也不会有任何商业船只经过。

还有一次是去塞舌尔，那个酒店把当地生态和酒店自身结合得很好。酒店房间外可以

看到很大的乌龟在路上爬。不能随意在海上钓鱼，会破坏当地的生物平衡，地陪会带你到专门的地方海钓。酒店服务员都来自塞舌尔，也非常热情，有着丰富本地知识储备，会带你去岛上介绍当地的植被。

Q：在旅行中，除了自然环境，还会关注什么？

L：菜市场能直接告诉我当地的情况，这是非常落地的旅行方式。如果我只在度假村里待着的话，整个旅行是比较漂浮的。而我真正想要去了解一个地方，会更想了解当地人真实的生活状态是怎么样的。因为我本科也是学社会学，所以菜市场对我来说是一个非常好的地方，看到当地民众每一天要去的地方，每天吃的东西和物价，能让我对这里有大概的认知。

有次在古巴，那边不能刷卡，也没有微信支付。当时在菜市场想买椰子，但身上只有50 美元，但水果摊的人没有办法找零。后来他把这个椰子送给我，但要我给椰子取中文名，问了老板椰子在古巴的名字，然后就音译了一个名字给他写下来。

Q：度假中，作为顾客你会注意哪些环保的细节？

L：我之前的徒步旅行，会尽量不在大自然中留下自己的垃圾。在野外，上洗手间都是自己挖坑。另外，在食材上的选择也可以有更环保的选择，去食用当地的蔬菜水果，这样可以减少长时间运输上可能产生的环保问题。然后我们也可以去选择在环保或可持续发展方面更加有社会责任感的酒店，这是顾客的选择，其实也会决定这些酒店未来的发展。Ⓜ

PART 02

————————

星野不止一面：
多品牌战略的经营之道

————————

@界 箱根 photo/佐佐木谦一

星野旗下品牌巡礼

text／陈紫雨 刘小宇 刘迪新　photo／星野集团 佐佐木谦一 殷莺

星野集团旗下目前有五个连锁子品牌。它们各自会
给你怎样的第一印象？

"虹夕诺雅 京都"坐落于京都岚山，可以远眺大堰河与小仓山风光。
photo／星野集团

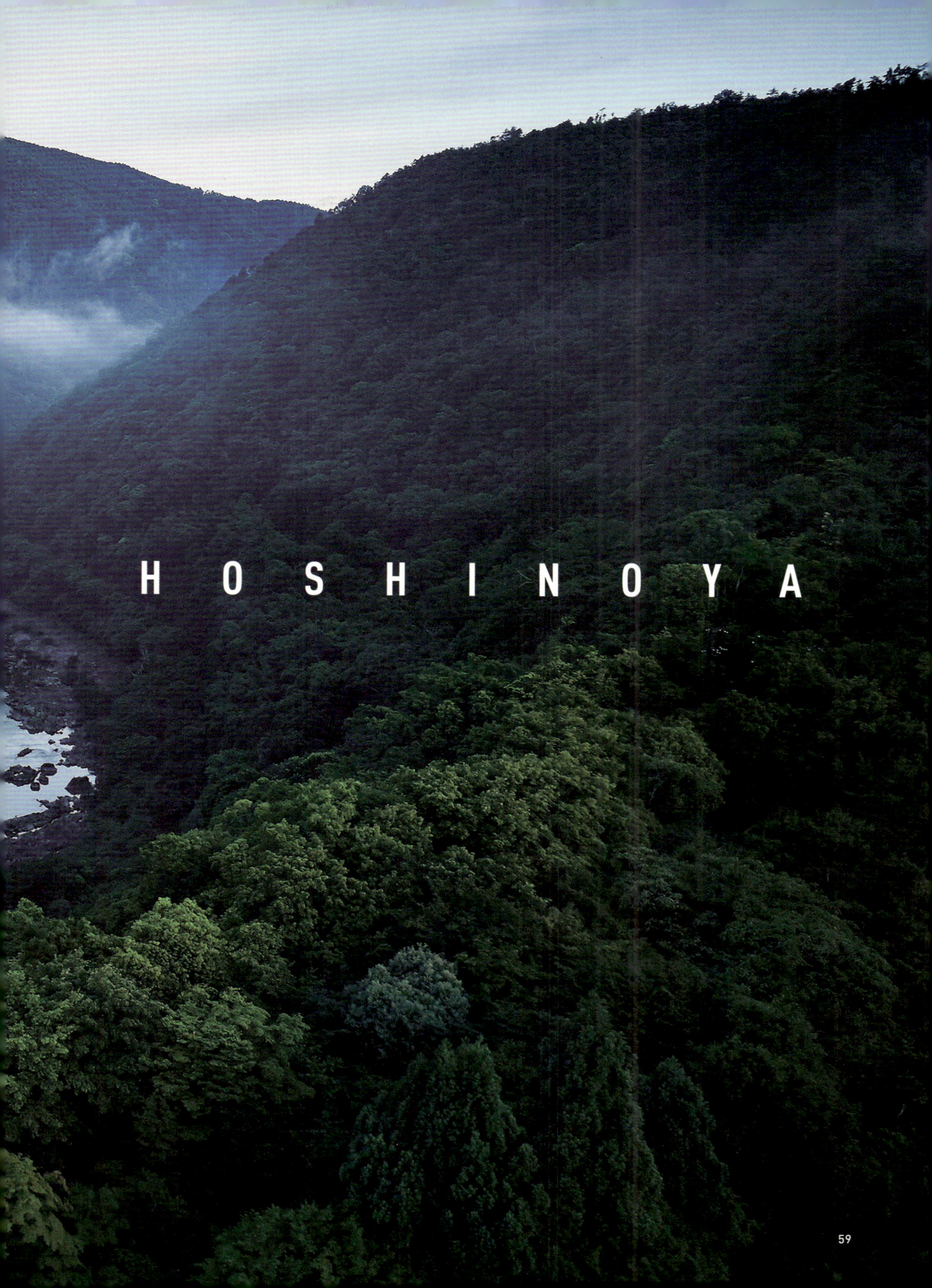
HOSHINOYA

photo / 星野集团

BRAND 1
虹夕诺雅
KEYWORD
令人沉浸的休憩时光

text / 陈紫雨

虹夕诺雅是星野集团旗下最高端的酒店品牌。与旗下其他定位鲜明的住宿品牌相比，虹夕诺雅并没有确切的设计模型，"令人沉浸的休憩时光"(夢中になる休息)是它的品牌概念。这个系列度假村的建筑设计开发更多着眼于与当地区域的自然风情和文化融合，给住客们塑造"逃离"日常琐碎生活的度假空间。

2005年，第一家虹夕诺雅在日本度假胜地轻井泽开业，主题为"停留在山谷集落里"，这里也是星野家族做温泉旅店生意的原点。从"虹夕诺雅 轻井泽"开始，星野集团开始了它酒店运营品牌化之路。在遵循品牌概念前提下，每一家虹夕诺雅也都有自己结合当地特色提出的主题。

坐落在京都岚山的虹夕诺雅，主题为"优雅静谧的水边私邸"。从岚山渡月桥专属码头乘船，沿着大堰川晃晃悠悠 15 分钟，就可到达"虹夕诺雅 京都"日式庭院的入口。这家度假村的前身是京都百年旅店"岚峡馆"。2007 年，星野集团收购并改装了它，但沿河而建的木造客房的样式依旧保留了"数寄屋造*"的日式建筑风格。

而"虹夕诺雅 轻井泽"主张与自然亲近的可持续的生活方式，这与当地拥有丰富的环境资源的特点密不可分。散落在水边独栋的林间小屋、古桥、阶梯式流水梯田的庭院景致，带给住客们回归日本自然风景的体验。目前的 8 家虹夕诺雅，每家都有自己的原创主题。这些设计基本出自建筑设计师东利惠和景观设计师长谷川浩己的团

01—02 在不同地区的虹夕诺雅，都有适配自己主题的景观营造与体验。在"虹夕诺雅 富士"，从阳台眺望，实现你的"将富士山私有"之愿（01）；也可以参加"烟熏食品"体验，由野营行家教你如何烹制烟熏美食（02）。

*数寄屋造：数寄屋造（すきやづくり），一种日本建筑样式，具体指的是融入了数寄屋（茶室）风格的住宅样式。常常拥有陈列插画或者挂轴的"床之间"（凹间），在架子的构造与设计表现上也多样而精致。"数寄"在语源上指的是喜好和歌、茶道或花道等风雅之事。

02

01　photo／佐佐木谦一

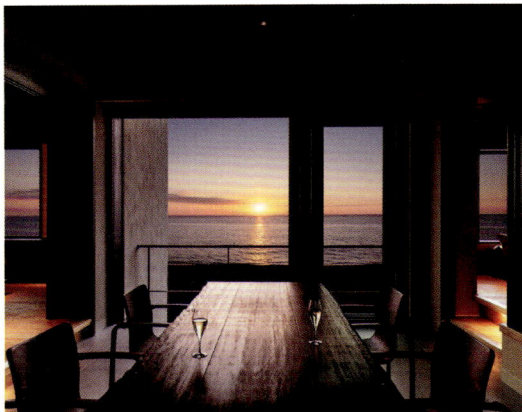

02　photo／星野集团

01 在"虹夕诺雅 京都"，你可以在早晨于客房内享受一顿丰盛的小火锅套餐。

02 在"虹夕诺雅 冲绳"，不出房门，海景就在身边。

队，他们参与了所有虹夕诺雅项目的规划和设计。

然而，一切从零开始做企划并不容易。每个细节打磨的同时，整个项目的工期也被拉长。在星野集团的所有品牌里，虹夕诺雅的项目需要投入最大的资金、时间和资源成本。比如 2017 年投入运营的"虹夕诺雅 巴厘岛"度假村，从企划讨论到酒店开业，其间涉及人员流动、业主所在地区土地政策所有权变动、施工公司的工程规范等各项问题，花了十多年的时间。也正是由于这些不确定因素，中途"夭折"的虹夕诺雅项目也不在少数。

为了让住客们在度假村里停留更长的时间，虹夕诺雅酒店员工经常分析顾客需求，在各地的虹夕诺雅，根据原创主题企划各种各样的体验活动，以拉近客人与周边环境的关系。这种方法的效果不错，很多客人也渐渐习惯延长他们在虹夕诺雅的停留周期了。

熊犬 Tama 和它的教练田中纯平。
photo/佐佐木谦一

Picchio：“森林生物的向导”和它的野熊保护事业

在“虹夕诺雅 轻井泽”所在的轻井泽星野地区，你会时常看到一个环保组织的名字，那就是星野集团旗下非盈利环保 NPO 组织 Picchio。它在意大利语中意为“啄木鸟”，成立于 1992 年，曾名为“野鸟研究室”，1995 年正式改为现名。一方面，Picchio 持续在日本轻井泽以及北海道等合作地推出让人们亲近自然的“生态观察之旅”。另一方面，1998 年以来，Picchio 也开始管理和保护轻井泽当地的野生亚洲黑熊。

熊犬 Tama（タマ）是 Picchio 团队里训练有素的成员。在轻井泽，它的主要工作是在教练田中纯平的指挥下，追赶误入人类生活圈的野生黑熊们，让它们毫发无损地回归大自然。Tama 还能对熊的气味做出反应，即使没有看到熊的影子，也能跟着味道还原黑熊的行动路线，预防这些野生动物进入人们的生活区。同时，面对潜伏在灌木丛中的没有佩戴无线电信号装置的黑熊，Tama 也能从“声音”和“味道”来辨别熊的位置，提醒夜间巡逻的工作人员们注意安全。像 Tama 一样的训练犬，从幼儿时期就开始接受十分严格的适应性测试、体能训练和积累关于“声音训练”的知识。现在 Tama 能辨别 30 多种来自教练田中纯平的声音指令。

EIMY：自给自足的能源发电系统

星野集团在轻井泽的星野区域建立了一套能源供给系统 EIMY（Energy In My Yard），利用“虹夕诺雅 轻井泽”区域的自然地势高差和天然地热资源，开发了水力发电系统和地热回收利用系统。

星野对这种清洁能源的开发要追溯至 1915 年。当时星野温泉旅馆刚开业不久，轻井泽还没有通电，如果让电力公司来施工，需要极高成本，于是星野家族利用木质水车开始了水力发电。“虹夕诺雅 轻井泽”于 2005 年开业时进一步更新了水力发电系统，还导入了能够在排水时吸收温泉热能和地热的热泵，这些设备支撑起了“虹夕诺雅 轻井泽”内绝大部分的能源供给需求。在“虹夕诺雅 轻井泽”每个客房的房顶上，还设置有“风楼”通气口，便于夏季通风，成为”天然空调“。截至 2020 年，EIMY 能源系统已能满足“虹夕诺雅 轻井泽”71% 的能源供给需求。然而运作 EIMY 系统并不便宜，成本比直接购买能源更高。

直到今天，这套水力发电系统仍在为“虹夕诺雅 轻井泽”供应能源。
photo/佐佐木谦一

在"界 加贺"的旅馆建筑群中，入口这座建筑曾是创立于 1624 年的老字号旅馆"白银屋"。
外观一大特色就是氧化铁颜料刷制的细木红壳格子，这也是京都、金泽"町屋（街面房）"外观装饰的重要特征：从里往外看时清晰可见，
从外则难以窥见内部情形，因此还兼具防盗功能。
photo／星野集团

K A I

BRAND 2
界
KEYWORD
当地特色和季节特色的
连锁温泉旅馆

text / 刘小宇

01   photo / 星野集团

01—02 在界，你可以体验到日本各地的温泉。北海道白老町的"界 波罗多"，建筑师中村拓志参考了阿伊努族建筑物的特征，以圆木组成的三角构造设计了锥形温泉小屋，你可以试试褐色的植物性褐炭温泉（02）。位于箱根的"界 仙石原"，除了公共温泉浴场，你也可以在房间配套的阳台温泉里一个人发会儿呆（01）。

03 由于地处日本第一茶乡静冈县，"界 远州"的待客之道处处与茶相关，你可以在这里体验品尝不同种类的茶叶。

04 在"界 箱根"，你也可以预约有当地特色的日本酒推荐品尝服务。

02   photo / 星野集团

03   photo/星野集团

04   photo/佐佐木谦一

"泡温泉"是日本人的经典度假方式之一，"界"，则是星野于 2011 年创立的日式精品温泉旅馆品牌，截至 2022 年 2 月，在日本已有 19 家门店。

与其他温泉旅馆不同，"界"提出了两个策略："当地特色"和"季节特色"，为客人提供在当地、当季特有的体验和服务。

19 家分布于日本各县的门店，都在为客人提供名为"当地乐"的在地文化体验服务。比如在位于日本茶名产地静冈县的"界 远州"，每年都会举办季节性的品茶活动，客人们可以在五月中旬的新茶季品新茶，远眺绿油油

的茶田小憩放松；在鹿儿岛的"界 雾岛"，旅馆同当地的酿造酒窖合作，为入住客人提供酒窖参观导览和烧酒对比试饮服务。

此外，"界"同当地传承传统工艺的工匠、艺术家和生产者合作，将当地工艺作为旅馆的设计元素或客房内的展品，客人在入住期间可以近距离地接触和欣赏这些手工艺品。在"界 加贺"，每间客房的门牌由当地的"九谷烧"制成。而在"界 箱根"，通过客房的钥匙扣就可以触摸到箱根的传统"寄木细工"工艺。以艺术为主题的"界 仙石原"，在开业前曾邀请国内外 10 位艺术家短期驻留在仙石原，一边居住一边创作作品，并将这些作品在旅馆内的客房等处展出。

然而，泡温泉当然还是温泉旅馆最核心的体验。在每一家"界"，你都能看到一个"现代温泉疗法"（うるはし现代汤治）说明，旅馆会指出自家温泉的水质特征，并提出搭配呼吸的入浴方式建议。一个简单的"补充水分"环节也满是讲究：从入浴前饮用的新鲜柑橘汁，睡前用来安眠暖身的生姜汤，到第二天出发前补充能量的"甘酒"，你可以选择购买自己喜欢的饮品。第二天晨起，由员工带领客人们做拉伸筋骨的体操，或者冥想放松。此外，"界"还为客人们准备了"温泉集章手册"，用于记录泡过的温泉，客人们每入住一间"界"门店，便可集得一枚印章。

"界"品牌下的大多数门店，是由星野受原业主委托接管运营。目前，星野除了开店入驻，也在积极地同地方行政合作，参与到地域街区活化的项目中去。2020 年，"界 长门"在长门温泉街落成开张，同时由星野主导参与的"长门汤本温泉地再生"的地区规划项目也基本成型。

在位于冲绳县竹富岛八重山郡的"RISONARE 小滨岛"，登上约13.5米高的榕树平台，蓝色的大海在眼前展开。
photo / 星野集团

RISONARE

BRAND 3
RISONARE
KEYWORD
适合成年人的
亲子度假酒店

text／陈紫雨

01   photo／星野集团

01 意大利建筑师马里奥·贝里尼为"RISONARE 山梨八岳"设计的游泳池以罗马时代的温泉浴场为核心概念，里面可以制造出高 1.2 米的人造海浪。

02 RISONARE 酒店的房型面积一般都不小，大部分房型能容纳 3 人及以上入住。图为"RISONARE 热海"可以最多容纳 6 人的超大房型。

03 在"RISONARE 热海"，树屋建造设计师小林崇在一棵超过 300 年的樟树上，建造了一个可以容纳四五个人一起喝下午茶的树屋。

02   photo／殷莺

03   photo／星野集团

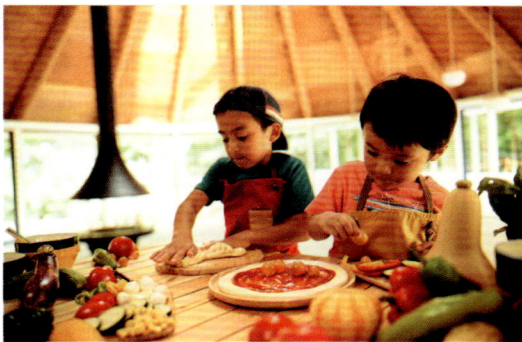

04

photo／星野集团

04 在不同季节，RISONARE 各家设施都会推出各种面向儿童的各类体验活动。图为在"RISONARE 那须"，孩子们在体验披萨制作。

前少儿年龄层的家庭。像"RISONARE 山梨八岳"和"RISONARE 小滨岛"这类酒店，因距离都市相对较远，移动距离长，酒店就定位在有年龄稍大的儿童的家庭。另外，与以儿童为中心服务的家庭亲子酒店不同，RISONARE 也支持成年人享受自己的度假时光，他们可以选择享用一顿正式的日本料理，此间委托酒店照看孩子。

星野集团旗下子品牌 RISONARE 定位为"适合成年人的亲子度假酒店"。截至 2022 年 2 月，日本一共开了 5 家 RISONARE，它们都是原酒店经营出现问题之后，由星野集团接手改造而成。

而这个生意机会，最早是星野在收购旧"RISONARE 小渊泽酒店"时发现的。这家酒店原本是意大利建筑师马里奥·贝里尼（Mario Bellini）设计的奢华度假村。星野在问卷调查中发现，该酒店只有 40% 的回头客，而这些客人大多是有小孩的家庭。这份问卷中也表明，全日本 43% 的旅行者是有孩子的家庭。星野意识到，这是一片巨大的市场。"RISONARE"，这个在意大利语中意为"共鸣"的名字也被继承下来，用于该系列的酒店当中。

这个定位收到了不错的效果。在"RISONARE 热海"，家庭型顾客群体占据八九成。从东京到热海交通便利，路途时间短，所以"RISONARE 热海"在儿童年龄上定位更低，主要针对有婴幼儿到学

在此基础上，不同 RISONARE 也推出了不同的服务。在热海，它开发了附近的樟树森林，请小林崇在一棵超过 300 年的樟树上建造了一个可以容纳四五个人一起喝下午茶的树屋。小林崇是日本颇有名气的树屋建造设计师，截至 2021年，他主导了 200 多座树屋的设计建造。"RISONARE 热海"的樟树树屋是他设计的最大型的作品，也是他的代表作之一。在"RISONARE 山梨八岳"，则推出面向 6 岁以上住客的"森林骑马"活动，参加的客人们可以一边体验"骑马"，一边欣赏山林小道的自然风光。

RISONARE 还试图把生意拓展到更广义的"家庭"层面。它接手的很多酒店原本就是大型度假村，所以 RISONARE 酒店的房型面积一般都不小，大部分房型能容纳 3 人及以上入住。在北海道的"RISONARE Tomamu"，客房平均面积大约有100 平方米。这意味着，它可以开发出针对一家三代的旅行计划。如今，"RISONARE 热海"也推出了最多能容纳 6 人、面积 158 平方米的超大房型。

在 "OMO7 旭川"，这个 Cafe&Bar 既是人们的用餐场所，也是日常交流的空间。
photo／星野集团

BRAND 4
OMO
KEYWORD
城市观光酒店

text / 刘迪新

OMO 是星野集团旗下主打城市观光的酒店品牌。这个定位要追溯至 2014 年。当时，星野集团的温泉旅馆"界 松本"的员工发现，这一年选择在长野县浅间温泉街住宿的客人大幅减少，很多游客选择住在临近的松本市市区。星野市场部进一步研究日本整体城市商务酒店市场，发现 60% 的客人是观光客，而非商务出差人士。而且顾客们即便对商务酒店的设备与价格没什么不满，却还是认为，商务酒店的冷漠感"降低了旅行的兴奋感"。

于是，面向城市观光客、提高他们的观光热情成了 OMO 酒店最初也是最基础的定位与目的。北海道旭山动物园里有四家牛奶冰淇淋店；东京都内仅存唯一一条有轨电车线与 JR 山手线的交会处位于大塚车站附近，那里既有好吃的居酒屋、天妇罗老店，也有充满当地风情的澡堂；许多销售传统工艺制品的老铺子建在京都三条区域，那里的纯喫茶咖啡店，还有错综复杂的文化渊源与特色……这些城市街头巷尾细微又特别的信息被 OMO 酒店收集起来，成为它进入城市的独特标签。

员工们将这些信息汇聚为一整面墙的观光导览"近所地图"（Go-KINJO 地图），以 OMO 酒店为圆心，标注步行范围内的各种地方特色景观与员工们推荐的心仪餐厅。这些员工还组成导游小队，提供各种周边导览与文化体验服务。

"我们希望营造出一种朋友带着你游玩的感觉，像是住在这个街区的朋友带着住宿者来介绍和感受这个街区的魅力，体验一些地图和日常导览里没有的意外和发现。"在星野集团市场部 OMO 市场总监阿部裕眼里，OMO 酒店本身也与附近的区域共同构成了住客的体验，"就像是一个度假村一样。"

截至 2022 年 6 月，继 2018 年在北海道旭川开设首家 OMO 酒店之后，星野集团已经在日本 9 个城市开设了 12 家 OMO 酒店。

01   photo / 星野集团

02

03

photo／星野集团

04

photo／佐佐木谦一

01 "相比于伦敦与纽约的酒店，日本酒店的大堂一般只有酒店的住客稍有停留。对酒店的空间也是一种浪费。"佐佐木达郎在参观完 Ace Hotel 和万豪旗下的 aloft 酒店后说。将 OMO 酒店大堂"OMO base"设置为一个氛围轻松、任何人都能在这里喝上一杯咖啡的公共空间，成为了佐佐木达郎的另一个设计重点。图为"OMO7 旭川"的 OMO base。

02 星野集团代表星野佳路希望 OMO 酒店有"双层床"设计。接到这个任务的建筑师佐佐木达郎，给 "OMO5 东京大塚"20 平方米的房间内设计了一个叫作"橹寝台"的结构，下层是沙发床与榻榻米小客厅，上层是床。不仅如此，墙面上也有许多可以置物的架子和挂钩。室内家具的木材则大部分使用日本扁柏（Hinoki）。

03 橹寝台设计沿用到不少地区的 OMO 客房里。在"OMO5 冲绳那霸"的客房里，你可以清晰看到，橹寝台两层衔接的楼梯其实是可以收纳物品的收纳盒。

04 并非所有地区的 OMO 客房都使用双层结构。"OMO5 京都祇园"在原有设施基础上改建而成，客房空间也更大。为吸引多人家庭客人长期入住，还在部分房间内设置了厨房。

"BEB5 轻井泽"露天庭院的 "Tamariba" 很容易成为让客人们聚在一起的地方。酒店的大玻璃墙可以在夏季完全打开，让人们自由进出。

photo／星野集团

BRAND 5
BEB
KEYWORD
和好友共度悠闲时光

text／陈紫雨

01—02 "BEB5 土浦"以"自行车环游"为主题，客人不仅可以把自行车带入公共 Tamariba 区域（01），如果预约了自行车客房，还可以把自行车带入房间（02）。

03 "BEB5 轻井泽"的客房样式也采用了木质双层床的橹寝台房间。

04 "BEB5 轻井泽"的员工们会为你推荐这款"带翅膀的法式吐司"早餐套餐。你可以在大厅任何自己喜欢的座位上吃早餐。

对奉行"闲散万岁"的人们来说，大多数酒店严格的入住、退房、就餐时间规定，让本应放松的旅途变得更像是在赶行程。星野面向年轻人的酒店子品牌 BEB，则试图打破这个规则。

星野集团在 2018 年的一次消费者调查中发现，大部分每日忙碌生活的年轻人认为，"出门制订旅游计划很麻烦""旅游也想带着去居酒屋一样愉快的心情，没有负担""想和熟悉信任的好朋友一起旅行，真实地做自己"。它抓住了这些需求，在既有 OMO 酒店客房设计的基础上，于 2019 年 2 月在日本长野县轻井泽开出了第一家 BEB 酒店，这也是星野旗下的第五个酒店品牌。截至 2022 年 2 月，星野集团旗下共有 2 家 BEB，还有一家"BEB5 土浦"开在日本茨城县。

每一家 BEB 酒店都设置了"Tamariba"（意为好朋友们经常聚集的地方），这是个向住宿者 24 小时开放的公共空间，由酒水饮料吧、图书区域、小商铺、DJ 角、沙发床、书桌区等区域融合构成。像是"BEB5 轻井泽"的"Tamariba"就围绕着带有自然风景的庭院而设，酒店的大玻璃墙可以在夏季完全打开，让人们自由进出。这一空间设计出自建筑师佐佐木达郎之手，他同时参与了虹夕诺雅品牌在轻井泽、东京、巴厘岛等多个酒店项目的设计。

客房内观设计上，BEB 在轻井泽和土浦的前两间酒店延续了星野旗下城市观光酒店品牌"OMO"的内装风格。带有木质双层床（一层为沙发床，二层为阁楼床铺）的房间是客房的典型房型。"BEB5 土浦"则以"自行车环游"为主题，还专门设置了可以收纳自行车的客房。未来，BEB 还会出现其他不同于木质双层床的客房内观设计。

BEB 提供的服务也以让人感到"放松自在"为原则，酒店的工作人员没有统一的服装要求，他们可以穿着自己的衣服上班——这在酒店行业并不多见。这里推崇"慵懒"，鼓励人们和朋友度过一段自由时光。酒店退房虽然也在中午左右，但并没有明确的时间设置，哪怕晚退房也不用支付滞纳金。即使赖床错过了早餐，厨房也能为住客提供轻食餐饮。到了晚上，BEB 酒店不提供晚餐服务，它允许客人们打包餐饮带回酒店。

为吸引年轻客群，"BEB5 轻井泽"和"BEB5 土浦"都为 29 岁以下年轻人推出了优惠住宿价。现有的住客群体中，30 岁以下的的客人占五成，其中大多是来自东京首都圈的年轻人们。Ⓜ

03   photo／星野集团

04   photo／佐佐木谦一

樱井润（Sakurai Jun）

星野集团市场部总负责人，
2001 年加入星野集团，曾先
后担任 RISONARE 山梨八
岳总支配人、八重山区域总支
配人、运营部综合总监，2018
年起担任现职。

樱井润：
子品牌如何保持个性

text／季扬 photo／佐佐木谦一

品牌运营者需要对品牌特色了然于胸。更重要
的是，消费者是否意识到了这些区别？

星野集团共有 5 个子品牌与几个"其他个性酒店设
施"。在运营这些品牌时，星野集团如何保持它们的一
致性，又如何处理新品牌与既有品牌之间的关系？如何
在不同酒店想出不同的新点子？我们采访了星野集团市
场部部长樱井润，请他来回答这些品牌管理难题。

Q = 未来预想图（Dream Labo）
S = 樱井润（Sakurai Jun）

Q：星野集团有一个挺有特色的做法叫"魅力会议"。在魅力会议上，每年平均会涌现出 1000 个来自员工的新点子。这些新的想法最终得到落地的大概可达到 400 个。为什么最终想法落地的成功率这么高？

S: 因为魅力会议上的这些新点子都不是随便想出来的，它们的精准度非常高。

首先，我们在运营各个酒店时，会针对该设施做市场调查，根据调查结果设置目标顾客，然后框定该设施的整体概念。所以各酒店的员工很清楚自家的调性，他们需要针对什么样的顾客，提供怎样的服务。比如同样是 RISONARE 品牌，RISONARE 山梨八岳的员工都很清楚，自己的目标顾客是孩子已经上小学的家庭。而 RISONARE 热海则定位在有 1 岁到幼儿园年龄段的孩子的家庭。这是各个设施的员工在做企划提案时的重要前提。

其次，酒店员工每天都可以近距离观察顾客，很容易感知顾客对产品、服务是否满意。除此之外，我们也会对顾客做满意度调查，顾客的反馈信息已经大量储备在员工的大脑中。因此员工们是基于自己丰富的经验在做企划提案，这些经验可以大大提高提案的精准度。

最后，魅力会议每年会举办四次。各设施的员工从前一年就会开始思考下一年在魅力会议上的提案。比如说今年冬季在魅力会议的提案，就是员工根据去年冬季顾客的反馈而总结思考得来的。我们会基于当季顾客的满意度和反馈来思考下一季的产品和服务，这也是提高精准度的一个重要因素。

Q：当初是出于怎样的考虑成立了 OMO 和 BEB 两个子品牌？

S：原来星野集团只有度假村、温泉酒店等传统设施，但其实在日本，人们对城市观光的需求非常大。很多外资酒店从东京、大阪、京都等城市开始开拓市场，是因为在这些大城市，相对容易扩张业务、招揽客人。在这之后，他们再把业务发展到周边的度假村，比如说丽思卡尔顿就在东京周边的观光地——日光开了酒店。和大型外资酒店相反，星野的生意从度假村开始，当度假村业务稳定后，我们才开始扩展到城市。这就是为什么我们推出了满足城市观光需求的子品牌 OMO。

关于 BEB，它是一个针对年轻人的子品牌，这是我们在针对年轻人旅行需求市场调查基础上所做的决策。相较于其他竞争对手，我们是最先着手于这块市场的。

Q：BEB 为什么会选址在日本的轻井泽和土浦？

S：在日本，大约从 8 年前开始，随着网络、游戏等休闲方式的充实，年轻人的娱乐选择越来越多，这也让出门旅游的年轻人逐年减少。我们认为，这会造成日本未来旅游市场规模的缩小。因此，获得年轻消费者对我们非常重要。我们尝试过在温泉旅馆"界"推出专为年轻人定制的产品"界旅 20"（界タビ 20s）。在这之后，我们希望可以全方位满足年轻人的旅行需求，所以专门设立了以年轻人为目标族群的子品牌 BEB。

BEB 选址在轻井泽，是因为轻井泽向来被认为是日本的高级度假胜地，在那里，有很多面向更高年龄层顾客的别墅和奢华设施。但年轻人同样也有在轻井泽旅行的需求，所以我们在轻井泽也开了 BEB。

BEB 还有一处，我们选址在土浦。土浦并不是一个观光地。我们在成立 BEB 子品牌时，曾对潜在年轻消费者做过一次调查。结果显示，对日本的年轻人来说，居酒屋才是他们日常休闲放松的地方。而旅行，是年轻人在非常重要的日子才会做的事。我们在探寻位于居酒屋和旅行中间、年轻人有需求的部分，比如说 BBQ、当天来回的兜风出行、去咖啡厅喝咖啡，这些都属于这个范畴。它们带领年轻人从日常的居酒屋体验进入到"非日常领域"，但这个层级，又不及如旅行般"进入另一个世界"那种感觉。

在 BBQ、兜风出行、咖啡中加入我们的产品 BEB，让年轻人拥有"非日常"的体验，是我们的战略核心。所以并不是因为我们先有了 BEB 这个产品，然后选址在土浦，而是土浦位于离东京电车 1 小时的地理位置等环境因素，我们认为适合星野旗下 BEB 这个产品，所以才有了现在的"BEB5 土浦"。

Q："BEB5 土浦"是如何揽客的？

S：我们主要通过 SNS 提高知名度、招揽顾客。因为 BEB 主要面对年轻人，所以我们主要在年轻人喜爱的媒体渠道，比如 Instagram 上宣传。我们也会在 Instagram 推广优惠活动，以此提高粉丝数。

除此以外，想吸引年轻人，重要的是产品和服务的价格要保持稳定，以消除年轻顾客的不安感。原本即便是同样的酒店，旺季和淡季价格也完全不同。但在 BEB，我们专门为 29 岁以下的年轻人设置了固定价位，以降低他们的使用门槛。

Q：你们是如何通过各种运营方式实现你刚才说的固定价格的？

S：主要是降低运营费用，我们会将资源集中在让年轻人开心和满意的服务上，尽可能去除不需要的服务。比如说在 BEB，我们只提供早餐，这在一定程度上帮助我们降低了运营成本。在午餐和晚餐时间段，我们和外部餐饮机构合作，鼓励年轻人自带酒水和食物。因为我们发现大部分年轻人在住酒店时更倾向于在外享用午餐和晚餐，所

以我们去除了这部分的服务。

BEB 的产品调性是"与熟悉的小伙伴们来场说走就走的旅行"，关键就在于，我们如何给年轻人提供定位于居酒屋和旅行中间的非日常体验。当提供给客人的价值与客人的期待一致时，市场便可以存续。

Q：你们是否期待各个子品牌之间的联动效果？

S：当然期待。近些年，我们的品牌战略就是让"星野集团"这个主品牌能够更加深入人心。星野集团旗下的子品牌在它们各自的战略定位中发挥好正向作用，星野集团的知名度也会随之提高。这个主品牌被更多人认可后，会给大家带来更多的安心感、认同感，会促使我们的客人再去体验星野集团旗下其他子品牌。因此，虽然各个子品牌面向的市场和消费者不同，但他们之间是有联动效果的。

Q：如何在保持各个子品牌发展的同时，又维持与星野集团这个品牌的统一联系？

S：首先，各个子品牌需要保持的是"星野集团品牌的独特性"这一点。"有个性，为大家提供各地特色文化体验服务"是星野集团品牌的承诺。各个子品牌都需要坚持这一点。

其次，各子品牌需要将服务品质保持在一定水准之上。我们会对入住的客人做满意

度调查，需要最终将负面评论控制在 5% 以内。这一点，我们对所有子品牌的标准都是一样的。

Q：如何控制这些负面评论？当收到客人不满的反馈时，你们会怎么办？

S：入住星野的客人，在退房时都会收到我们的满意度调查问卷，平均有 30% 的客人填写问卷。大部分企业会由客服中心回收这些问卷，然后反馈到各个设施。但在星野，星野内部所有员工立刻就能在系统里看到回收的问卷，这会让各个设施的员工更加理解客人对自己服务的感受和评价。收到负面反馈，自然会开始改善。

另外，数字化也很重要。我们的目标是将负面评论的出现率控制在 5% 以内，这使各个设施的方向更明确，也更有动力。

Q：有些设施不属于星野集团的五个子品牌，这类设施如何表现自己的特征？

S：这类设施虽然不从属于任何子品牌，但是它们都有浓厚的地域特征。比如说青森屋，坐落于青森县三泽市，那里有日本著名祭典"睡魔祭"，并且可以体验到极具特色的当地美食。再比如奥入濑溪流酒店，它位于奥入濑溪流国立公园中，可以听到潺潺溪流声，客人入住后可以体验到优质的温泉。这类设施共通的特点是发挥了当地的特色，这与星野集团的品牌调性是一致的。

它们虽然不是子品牌，但是也作为星野集团旗下的设施在运营。

Q：与连锁酒店不同，星野集团旗下的酒店强调各自的特性。这样的运营方法会令资源分散，提高运营成本吗？

S：这点的确会带来时间和劳力的增加，使资源分散。通常连锁酒店都有一套自己的运营方案，旗下各个酒店把方案落地。而我们的运营方式是从零开始思考酒店的调性和目标族群，根据这个方向，酒店开始思考并挖掘当地特色，并根据客人的满意度问卷不断改善服务。这一套流程相当花时间和精力，但我们认为很值得。因为它可以最大限度地在酒店服务中体现当地特色与魅力，这一点非常宝贵。我们与连锁酒店是两种不同的商业模式。至于酒店的所有者愿意采用哪种模式，将酒店交给怎样的运营公司，他们会做出选择。

Q：在星野集团的子品牌中，有哪些是已经成熟的子品牌？又有哪些是未来具有潜力的子品牌？

S：界、RISONARE、虹夕诺雅以及星野集团旗下的其他一些有个性的设施已经是成熟的品牌。即便是在疫情影响下，也能很好地招揽顾客。OMO 和 BEB 成立时间还比较短，它们是针对城市观光客和年轻人提供全新价值的子品牌，我们认为它们在未来是有潜力的。Ⓜ

OMO:
发掘城市的度假潜力

text／陈紫雨　photo／佐佐木谦一

星野在城市街区里建起了"度假村"。

OMO 的 logo 以"家"为核心概念，融合传统建筑形态"悬山式屋顶"（kiriduma）与现代性，由日本设计师野老朝雄设计，他也是 2020 东京奥运会会徽的设计者。图为"OMO5 京都祇园"入口，以白色暖帘间隔了酒店空间与祇园商店街。

OMO 是日本城市连锁酒店中的异类。

典型的都市连锁酒店开在车站边，房间不大，它们会提供一切必要的设施和服务，但在此之上也不会提供更多了，毕竟它们主要服务的是商务客人。相较之下，OMO 酒店未必开在车站附近，有的会缺少一些必备设施，比如餐厅，但又会多出一些东西，比如一个可以被当作公共空间的宽敞前台，以及这个空间里铺满整面墙的地图。

地图以酒店为圆心，标注了步行范围内的特色景观和旅游攻略里不大会提到的小店。每家 OMO 酒店都会有这样一张"近所地图"（Go-KINJO 地图）。"近所"在日文中是"附近区域"的意思，它点出了 OMO 酒店的核心概念——用当地人的视角，在都市旅行。

地图上的目的地，都是 OMO 的员工自己探访所得。每家 OMO 酒店开业前，员工都要探访至少 100 家店铺。酒店的招牌活动，就是由 OMO 的员工带领住客从酒店出发，步行探访街区的有趣之处。酒店大堂名为 OMO base，是这些探索的出发点和终点。

不过，城市街区毕竟和景区不同，它的趣味往往来源于人，而非自然风光。要想真实体验，就必须要和人深入交流。如果只是简单地把街区视作用来观看的景物，游客的体验会流于平庸，OMO 酒店本身也不会得到街区的认可。

所以核心问题变成了：OMO 酒店如何融入所在的城市。我们和星野集团市场部 OMO 市场总监阿部裕聊了聊品牌的运营思路。

01

02

03

04

05

06

酒店大堂 OMO base 展示着这个街区的特色，也是旅客们在酒店的"客厅"。每家 OMO 都会有一张"近所地图"，上面会标出由员工探索推荐的当地特色小店或餐厅。在"OMO5 东京大塚"，还搭配了一个可以实时展示周边店铺顾客在社交网络上的评价的电子"近所地图"。睡衣与馆内服为租赁制，客人可以自行在 OMO base 选择适合的尺寸。也有 OMO 和周边街区各主题合作开发了周边商品。

01/03"OMO5 京都祇园"　　04/06"OMC5 东京大塚"
02"OMO5 京都三条"　　　05"OMO5 东京大塚"与东京都营交通局合作开发的周边文具

Q = 未来预想图（Dream Labo）
A = 阿部裕（Abe Yu）

阿部裕（Abe Yu）

星野集团市场部 OMO 市场总监。2008 年加入星野集团。曾先后在酒店与滑雪场任职，2010 年起加入市场部。在任职于"界""RESONARE"等品牌之后，担任南东北区域市场部总监。2017 年起任现职。

Q：OMO 酒店为什么选择了这样的定位？

A：首先都市型酒店的竞争非常激烈，在都市内开酒店不是一件简单的事。所以需要有明确的差异化特色。另外，星野本身就是以度假酒店开始的，我们一直都在计划把度假体验带到城市里。等我们找到了现在这个定位，我们就决定启动 OMO 品牌。

Q：在确定 OMO 的定位时，参考过哪些酒店？

A：我们参考过纽约的 Ace Hotel，它在酒店里设计了一个开放的公共空间，不仅提供给住客，也开放给整个街区的居民。我们的开发团队觉得很有意思，还去实地考察了。也有旅行者可以使用公共空间的设计。在这个街区的人也可以使用这个公共空间，人们可以把这里当作交流的场所。这个是我们当时开发团队觉得很有意思的设置，也去实地考察了。还有参考一些精品酒店、国外的大型连锁酒店和风格比较奢华的酒店。

Q：每个 OMO 酒店的旅行线路是如何确定的？

A：出发点是每间酒店的概念，而概念来源于街区的特色。比如"OMO5 京都三条'，这间酒店的概念是"在京都的街道上浪漫地散步"，酒店所在的三条，最著名的河流是高濑川。江户时期，人们通过这条运河，把大阪的物资运到京都，商人们在河边贩售商品，这里逐渐繁荣，所以我们会以高濑川为主线，给游客们呈现出三条这个街区的发展过程，让他们在散步时更好地感受这条街的魅力。

Q："近所地图"以及围绕它的酒店活动，是 OMO 非常重要的特色。地图的绘制者和导游，他们之前是做什么工作的？

A：他们之前都是星野的员工，可能是前台、客房清扫员，或是厨师。也就是说，我们从酒店常规的各小组中，募集一些人员，组成一个新的小组，专门挖掘都市魅力。

Q：OMO 的街区旅行和常规的旅游手册中的路线有什么不同？你们如何选择线路中的目的地？

A：关键词可能是朋友的感觉，我们会像是住在这个街区的朋友一样，来介绍一些日常导览里没有的意外发现，友好的感觉是 OMO 的一大特征。

当然，有些很有代表性的景点，我们也会选入，比如提到旭川，那就一定会去旭山动物园，提到京都就有很多寺庙、神社。我们首先会捕捉到游客选择来这边旅游的主要目的，然后会以这个需求为中心来设置一些主题活动。但还有一部分旅行项目，如果不去实地看是不会了解的，这就需要我们员工去探访一百家以上的店。

每家 OMO 都会由员工带队，设计几条针对周边街区的城市探索路线，内容涉及历史介绍、店铺观光、美食探访等多领域。

OMO 常在既有酒店或设施基础上，结合城市街区特色改造而成。图为"OMO3 京都东寺"。

Q：探访街区的活动，会不会打扰到日常生活？比如本地人去的居酒屋，突然多了很多游客，他们不会有一种被打扰的感觉吗？

A： 最开始的时候，他们确实会好奇地观察我们在做什么。后来，他们发现我们可以把这个街区的优点发扬出去，那么比起单方面地发布信息，不如一起来营造街区的氛围，我们只是承担桥梁的角色。其实很多活动是周边的居民和店铺提出的。

关于打扰日常生活的问题，举个例子，大塚有一家做内脏很好吃的店，一般是当地居民去吃。当他们发现有新的人专程来体验时，

03

01

04

02

05

06

07

08

09

10

周边街区的店铺老板已经熟悉了 OMO 探索团的拜访, 店铺与 OMO 之间形成了共创共生的合作关系。

01—02 东京天妇罗老店 Tudumi（つづみ）店主内田夫妇, 他们为店内各类天妇罗设计出各种不同搭配, 调料也是自己制作。

03—04 茶铺矢岛园店主矢岛新一, 他与"OMO5 东京大塚"合作开发了联名茶品。

05—06 位于京都三条的石黑香铺, 整家店都销售各类香包制品。

07—08 Misuya 针本铺（みすや針本舗）福井胜秀商店的店主福井浩。他的店铺位于京都三条, 大门门面不大, 进去后却曲径通幽, 生出一个小型日式庭院。

09—10 京都和果子老店东寺饼店主沼田友幸。他的店铺在东寺隔壁已有一百多年历史。

会有一种对街区的自豪感，大多数人会热情地接受。有没有店铺拒绝我们呢？其实也有。比如不想被拍摄，或是店里有固定的客人，不希望一下子多很多新客，那我们就不去打扰。

Q：在主题活动中，哪一些会是全年都有的？哪一些又是季节限定？

A：以"OMO5 东京大塚"为例：都电荒川线也是东京都内仅存的路面电车，而路面电车和山手线的交会车站就只有大塚这一个地方。这是大塚的独特之处。所以我们推出了一边看着都电一边散步一小时的路线，散步的途中也稍微逛一逛附近的地方，了解这条街的历史，与居民聊聊有趣的话题。这样的企划是全年都有的。

限定企划往往和季节、节日有关。比如大塚是日本酒的酿造胜地，所以我们在圣诞季用日本酒的瓶子摆在一起，做成一个圣诞树的样子。游客在进入 OMO base 的时候就能看到这样一个由日本酒营造出来的圣诞氛围。圣诞老人以日本酒作为礼物在酒店各处转悠，这是圣诞节的季节企划。总结而言：找出街道的特征，再找到在这个街区愉快度日的方法，最后落实在企划和服务上。

01

02

在 OMO5 与 OMO7, OMO 会设置 OMO Cafe，提供早餐（02，"OMO5 京都三条"）。有些 OMO Café 全天服务，日常提供咖啡与轻食（03，"OMO5 东京大塚"）。也有些 OMO Café 只在早间服务，其他时段另设免费茶水区（04，"OMO5 京都三条"）。还有 OMO 与街区餐厅合作，可以帮客人预订餐点送入客房（05，"OMO5 京都祇园"）。在"OMO5 京都祇园"带有餐厅的客房中，还提供了面包机，客人早上可以享用自己烤好的面包（01）。

03

04

05

Q: 每家 OMO 酒店后面都有一个编号，它代表这家酒店提供的服务范围。比如 OMO1 就是胶囊旅馆，OMO5 开始有咖啡馆。我们注意到，只有最大的 OMO7 是有餐厅的。为什么这么设置？

A: 通过数字，可以清晰地区分不同类型的 OMO 酒店，这样旅行者可以根据当下的心情和目的来选择。这不是为了根据消费水平来区分目标客群，而是根据旅馆观光的目标。至于餐厅，大多数的 OMO 酒店鼓励住客去周边的餐厅吃饭，甚至带餐食到 OMO base 吃。Ⓜ

刘迪新对本文亦有贡献

OMO 名称后的数字代表着不同的服务范围　　source／星野集团

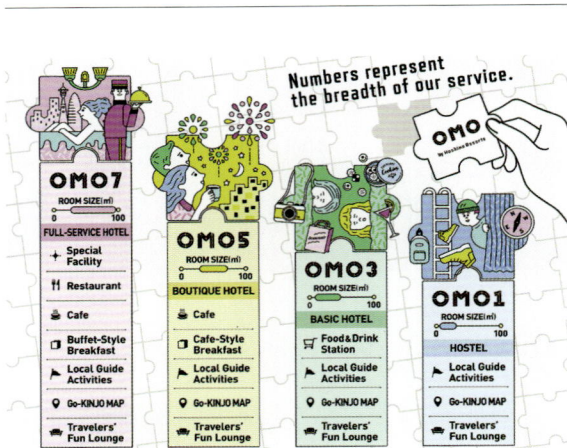

从 OMO 听来的城市咖啡传奇

你还可以在 OMO 听到一个城市的咖啡传奇故事。与推崇现代服务观念的新型咖啡店不同，京都的"纯喫茶"咖啡店很可能并不愿意给你推荐它们的代表产品，更愿意让你自己选择适合的口味。你可以在 OMO 的"纯喫茶"适配度测试中找到自己喜欢的咖啡口味，获得 OMO 员工对每家经典菜单的推荐，甚至还能八卦这几家老店间错综复杂的历史关系。

01

02

03

04

05

06

01 "OMO5 京都三条"员工膳智弘，会为你讲述京都单纯销售咖啡的"纯喫茶"老店的文化故事。

02 要寻访京都"纯喫茶"文化的源头，创立于 1940 年的 Inoda 咖啡（イノダコーヒー）是你一定要拜访的店铺。作家谷崎润一郎也曾是它的常客。图为 Inoda 咖啡京都三条本店。

03 六曜舍咖啡店第二代店主奥野修在学生时代常去 Inoda 咖啡。奥野修的儿子、第三代店主则曾在前田咖啡打工。如今，因理念不同，奥野修和儿子分别在楼上下各开了一家咖啡店，名字都是六曜舍。奥野修的店铺在楼下，不禁烟。

04 前田咖啡创始人也曾在 Inoda 咖啡工作。如今，前田咖啡有不少店铺分布在历史建筑内。图为位于京都文化博物馆别馆的前田咖啡，这里曾是旧日本银行京都支店的金库。

05 impulse 咖啡创始人也曾是 Inoda 咖啡的员工，如今他的儿子继承了店铺。

06 老京都人的一天，常常从一杯"纯喫茶"老店的深烘咖啡开始。

天台山嘉助：
首个中国内地项目
的最大挑战是什么？

text / 陈紫雨　photo / 星野集团

一开始，星野集团都不确定，办理入住时提供的茶水服务，对中国客人来说是不是加分项。

2021 年 4 月，星野集团在中国内地的第一家度假酒店天台山嘉助酒店开业。当时，星野集团在日本以外的市场已经有 3 家不同类型的酒店。但天台山嘉助酒店在星野集团所属的品牌系列里，既不是"虹夕诺雅"，也不是"RISONARE"，而是"嘉助"。

"嘉助"这个名字对星野集团意义重大。星野家族的生意始于明治时期，从纺织业发端，1911 年，当时的家主星野嘉助在轻井泽买下了一口温泉，开始经营温泉旅馆。之后，星野家每一代继承人在接手家族生意后，就会改名"嘉助"，现任星野集团代表星野佳路的父亲星野晃良就是第四代"星野嘉助"。传家的不只是生意，还有祖辈的名字，如今，嘉助这个名字也被带到了中国。

对星野集团来说，天台山项目本身也是一个"好事多磨"的项目。

早在 2009 年，星野集团就在中国成立了一个办事处，但当时的主要目的是提升星野品牌在中国的知名度以及海外入境观光客（inbound）业务。

三年后，时间来到 2012 年，当星野佳路真正想在中国开发及运营酒店时，他找到一个了解中国市场及有金融背景的人，史洪恩。史洪恩曾在日本生活 10 年，长期从事投融资工作。在他的牵头下，2014 年星野集团和中信证券成立了合资公司，正式组建星野中国法人。

当时，赴日旅游在中国已经逐渐兴起，星野在中国酒店业也有了一定的名声，想邀请星野来运营酒店的中国投资方也逐步显现。第一年，初入酒店行业的史洪恩带领中国团

队高速拓展中国市场，他自己回忆，2014年看了 200 多块地，那一年走坏了 4 双运动鞋，由于短时间高强度的集中运动，导致后来专门做了一次脚部手术。但几乎所有的选址方案都被星野佳路否决了。"星野在意的是度假村地址及环境的唯一性，即不可复制性。"史洪恩说，到了第二年，中国团队通过积累开始了独立判断，在与星野社长讨论之前，基本能否决 90% 的找上门的合作项目，其实并没有那么多合适的项目。

在上述严格把关的基础上，陆陆续续签约

星野集团在中国内地收到过许多合作邀约，但绝大多数都被否定。它选中天台山项目，看中的是它在环境和文化上的"不可复制性"，星野将其称为两国深厚文化渊源的"缘起之地"。图为天台山嘉助酒店全貌。

01

02

01—04 星野重视引导顾客入住时情绪的"起承转合"。不应让客人在刚进入酒店（01）时就把高涨的情绪释放完，在酒店大堂（02）休息一下收拾心情，进入房间（03、04）后，情绪再到达顶峰。这一切需要设计和服务的细节来实现。

03

04

了几个从零开发的奢华酒店项目。具体到本次主角的天台山嘉助酒店项目，是在 2017 年底，星野与绿城集团达成协议，负责运营管理后者在浙江天台山的度假酒店。从上海出发，驱车近 4 小时，就可以来到浙江天台山。沿着蜿蜒曲折的山路推开雾气，酒店设施坐落在天台高山的云海之中。

挑战在于，星野接手天台山的项目时，酒店已是半成品，建筑已经基本封顶。这是一个从一开始就需要充分讨论与磨合的项目。星野集团中国事业部总经理马场义德和星野集团大中华区运营及发展总监、中国现地法人锦绣星野酒店管理有限公司总经理史洪恩为我们讲述了在中国经营一家星野酒店的挑战和经验。

马场义德（Baba Yoshinori）

2008 年加入星野集团，2019 年起，担任星野集团中国事业部总经理。负责了星野集团在中国内地首个酒店项目"天台山嘉助酒店"的开业筹备。目前主要负责中国内地酒店设施的企划、开发与运营。

Q = 未来预想图（Dream Labo）
B = 马场义德（Baba Yoshinori）
S = 史洪恩（Shi hongen）

Q: 为什么选择在天台山这个地方呢？

B: 天台山让我们感到很强烈的"缘分"。日本的天台宗源于天台山国清寺。同一时期被带到日本的茶文化也是中日两国的文化联结点。佛教中有一句话叫"擦肩而过也是前世的缘分"（そですりあうも他生の縁），两国有深厚的文化渊源，天台山是一个缘起之地。

Q: 为什么采用"嘉助"这个名字，而不是星野已有的品牌？

B: 这是一个因地制宜的过程。我们发现天台山这个项目的土地和环境非常不错，但它并不符合虹夕诺雅、界或是 RISONARE 的品牌概念。所以我们就决定启用一个与既有品牌不同的新品牌名——嘉助。这也是星野家族世代相传的名字。

Q："嘉助"是一个新品牌，它的定位是怎么样的？

B： 天台山嘉助是一座酒店，但在服务上，我们的定位是"旅馆"。在我们看来，"旅馆"和酒店最大不同在于，在酒店里，客人把需求指派给酒店，酒店提供满足客人要求的服务，两方属于支配关系。在旅馆的形态里则有所不同，主客是两方平等的，中国也有词语叫"客随主便"，我们的服务更像是好朋友来家里拜访，主人拿出家里最好的东西来招待的感觉。

Q：你们和绿城房产是怎么样的合作关系，与绿城合作的契机是什么？

S： 简单来说是绿城找到了我们，委托我们在天台山的莲花小镇管理这座酒店。绿城房地产开发的品质在业界内也是顶尖的 他们非常认真地想找一家做奢华度假酒店的管理公司来合作。对于星野来说，在中国有文化有历史但商业味道淡薄的高端度假区运营管理一家酒店是我们希望的方式，这个项目也符合我们做酒店管理时对选址和业主本身的严苛要求。目前，酒店核心管理人员由日本派遣，现场所有员工由星野管理，绿城则向星野支付运营管理费用。

Q：你们刚才说星野在海外的选址非常严格，具体在中国会考虑哪些因素？

B： 我们很希望在世界遗产或著名观光地周边做酒店，希望选址能让客人有更好的体验。在中国，我们还希望能在离一线城市不

史洪恩（Shi Hongen）

星野集团大中华区运营及发展总监、中国现地法人锦绣星野酒店管理有限公司总经理。曾任大和证券中国代表处代表，2012 年起加入星野集团，全面负责星野集团在华的开发及投资业务。

01—03 星野在运营管理天台山嘉助酒店时，酒店的硬件已基本完成，与业主和设计方充分沟通、修改方案、完善细节，是整个项目最大的挑战。星野团队的重点之一，是突出天台山的禅元素。

01

02

远的地方选址，不仅是中国的客人，我们欢迎全球各地的客人。天台山距离上海 3～4 小时车程，是一个合适的距离。综合来看，我们今后也会继续考虑城市区域的开发。

Q: 这个项目最大的挑战是什么？

S: 当我们开始这个项目时，酒店的基础设施已经完成大约 70% 了。最初我们不清楚酒店的设计背景及理念。所以一开始，与设计团队和施工团队讨论修改方案是最费劲的地方。我们在接手天台山的酒店设施时，建筑设计基本做完，室内设计也已经启动，施工也在同步进行，部分建筑已经封顶。由于原有的一些设计并不符合星野特色或要求，所以我们需要反复沟通，商议修改方

03

案，比如拆掉不必要的通道或设置，增加能满足运营上基本要求的新的功能空间。另外天台山是一个充满佛教文化的地区，我们也根据酒店的概念——六根清净，在酒店里增加相关的禅意元素。

B: 服务方面最大的难题还是如何把"星野感"（星野らしさ）带到中国，同时，在中国运营酒店也要符合中国的文化传统。这两者的边界在哪里？如何融合？我们没有太多先例可循。

举例而言，在办理入住时，我们提供的茶水服务会是加分项吗？我们听说过一种印象，中国客人习惯在办理入住登记后直接进入房间。而在我们的设想中，客人们需要借助办理入住的过程，坐下来悠闲地喝一杯热茶，以此按下转换心情的按钮，离开日常生活，进入星野的世界。在实践中，我们特别注重获取客人对于这一服务的态度，还好，最后的结果是客人很满意，这也是我们所期望的。

目前我们采用的方法是，在酒店的运营机制上，我们采用中式的系统；在服务方面，我们坚持星野的待客之道。

Q：在酒店内部，不同文化的融合有什么挑战？

B: 正如刚才所说，我们理想中的主客关系是对等关系。但是主客之间距离感并不容易把握，在日本，主客之间相互尊重，比较客气；在中国，对等关系常常被理解为朋友关系。培训员工的过程中也要注意这一点，我们就从日本派过来的员工开始，让他们实际展现这种有对等感的关系，最终实现了

有适当距离感的服务。

Q：人们对星野比较熟悉的品牌是虹夕诺雅，天台嘉助对它有什么借鉴吗？

B: 星野在创造一个新的空间时，时常会幻想在这里客人会用怎样的心情来体验什么，这一点非常重要。比如酒店的前厅，是展示魅力很重要的部分，但是假如来到前厅，客人的情绪便已经到了顶峰，就好比在故事的最前段就把所有的情节展现出来，那进入房间后的感动也将打个折扣。所以，我们更在意设计客人在空间里情绪的起承转合。来到前厅，客人们感受到来到一个好地方，心绪略微波动高扬，办理入住之后在廊下走一走，收一收心情，进入房间后心弦再到达顶峰，得到最大感动。当然我们无法设计

01

02

出所有的情节，但创造空间的情绪故事，不仅在所有的虹夕诺雅，天台山嘉助酒店的空间也有所借鉴，这是我们很重视的地方。

Q：嘉助的目标客群是谁，如何吸引他们？

B：我们的目标消费者群体是 30～50 岁、对当地文化感兴趣的高收入客人。我们服务的三大基础是：窗明几净的房间、美味的食物和微笑待客之道。这看上去是理所当然

的事，但要确实地做好并不容易。

Q：未来对中国业务有怎样的规划？

B：我们期待 10 年后有 10 家左右的设施。其中大约 5 家做酒店经营管理，5 家是从零开始的开发运营。我们也期待引入虹夕诺雅等品牌，但现在我们先踏踏实实做好天台山嘉助酒店，证明星野在中国也能做得很好。Ⓜ

杨舒涵对本文亦有贡献

01 "发掘本地特色"是星野任何一个项目的运营重点，而餐食是其中的重要一环。
02 星野的各个度假设施都会发掘"此地限定"的景色或体验。养云池就是天台山嘉助设计的"限定景色"之一。

01   photo／星野集团

02   photo／星野集团

在海外开酒店
不是竞速跑，而是长跑

text／陈紫雨　photo／佐佐木谦一　星野集团

在发掘当地魅力点时，当地的工作人员带我们到附近溜达，他们会告诉我们很多重要的信息，比如"爬到这个地方能看到最漂亮的风景"。

对于到海外开酒店这件事，星野集团有一个很宏大的理由：从人口结构看，日本的酒店业可能会缺乏客源。2019 年，日本 65 岁以上的人口占 28.4%，2040 年，这个数字预计将达到 35.3%，日本将来会面临人口进一步减少。加上外资连锁酒店不断进入日本市场，对星野集团来说，在增强本土竞争力的同时，也需要进一步争夺海外市场。

基于这些预测，星野集团在最近几年加快了海外市场的布局。2017 年，星野的第一家海外酒店"虹夕诺雅 巴厘岛"开业，随后是台中、夏威夷，2021 年，中国内地的天台山嘉助酒店正式开业。

当然，星野并非是被动地到海外去，它在度假酒店领域的声望帮它在海外吸引了不少有意向合作的人。但星野开的不是简单的连锁商业酒店，而是讲究服务、体验的"非日常"度假体验。这意味着专注于细节、无可挑剔的服务，以及与本地自然风光和文化深入融合。这些事情星野在日本能够做到，但在海外，它该如何保留"星野感"？它会遇到哪些挑战，它要做出哪些改变？星野集团海外事业部总监中尾武志回答了这些问题。

Q = 未来预想图（Dream Labo）
N = 中尾武志（Nakao Takeshi）

Q：星野在开展海外业务时的基本策略是什么样的？

N： 星野是以温泉酒店起家的公司，利用好做温泉旅馆的优势是很重要的。海外其实也有很多温泉设施和温泉文化，比如 2021 年，欧洲有几个城市的温泉被列入世界遗产。

photo／佐佐木谦一

中尾武志（Nakao Takeshi）

星野集团海外事业部总监。2007 年加入星野集团，曾担任企划开发部总监，2019 年起担任现职。

01 和 02 分别是"虹夕诺雅 谷关"和"虹夕诺雅 巴厘岛"的远眺全景。星野在海外建设和运营虹夕诺雅，与在日本境内一样，谨慎挑选那些具有稀缺性的自然环境，然后把酒店设施融入其中。

品牌层面，最初的海外项目（巴厘岛和台中），我们认为虹夕诺雅品牌最适合，所以定位为"虹夕诺雅"。"虹夕诺雅"虽然对项目区域土地要求很严格，但只要满足这些条件，之后都是从零开始企划，没有束缚，可以发挥的自由度最高。而且虹夕诺雅的品牌定位就是要结合当地的风土和文化，充分展示每个地方的特征，既让人愿意拜访，也让人感受到它们之间的竞争感与差异性。"界"则是温泉旅馆，RISONARE则是有丰富活动的西洋式度假村，各个品牌都有建立在企划基础上的必要条件。刚刚提到要发挥温泉旅馆的优势，并不意味着在任何地方都适合开温泉旅馆，也有地方本身就没有温泉。像是巴厘岛，我们觉得在那里不适合开温泉旅馆。巴厘岛有非常独特的文化与自然环境，更适合通过虹夕

01   photo／星野集团

02   photo／星野集团

03   photo／星野集团

01—03 "虹夕诺雅 巴厘岛"是星野在海外的第一个度假设施。这是一个旅游胜地，也是度假村的激战区。星野试图延续它们在日本的方法论，在这里取得成功。其中最主要的一点就是重视本地一线员工的意见，因为只有他们才能告诉星野"爬到这个地方能看到最漂亮的风景"，也只有他们能把本地文化融入服务。

诺雅这个品牌来开发。位于台中市的"虹夕诺雅 谷关",就既适合做虹夕诺雅品牌,也适合做温泉旅馆。

还有一个考量是,在海外做一个品牌,要投入大量时间和精力去打磨。无论什么品牌,开业后,为了让品牌能够立得住,都需要扎实地展开各种活动,开发的速度也要配合着来。

Q:为什么第一个海外项目选定了巴厘岛?

N:我 2007 年加入星野集团,几年后,巴厘岛项目的所有者来找了星野集团咨询合作。当时,我们虽然手边也接到了好几个海外项目的合作要求,但我们仍然对进入海外市场非常谨慎,到那时为止,都还没有什么实际的计划。

决定进入巴厘岛的原因有几个:首先,从住宿期间能够感受到的魅力来看,巴厘岛有着较为深厚的传统艺能与传统文化,自然环境也相当丰富,景观上很有优势;项目区域土地也具备塑造虹夕诺雅品牌需要的建筑与景观的宽广度与形状。其次,从市场角度看,当时的调查显示,巴厘岛上最爱住高级设施的游客里,日本人所占比例很高;从交通的角度看,日本到巴厘岛也有直飞航班。

Q:实际情况是日本的客人最多吗?

N:在疫情之前,是的,从日本来访的客人的比率最高,其次是中国的游客。

Q:星野在海外的项目和部分日本国内项目一样,仅负责运营管理,不直接持有物业。为什么这么做?

N:就到目前为止新开发的项目来看,的确如此。星野来到一个新的国家或地区,如果独立持有酒店的所有权就要投入相当多的资源,承担所有风险,为了项目成功,我们还需要深入研究当地的法律规定。相比之下,与最熟悉当地文化的业主一起合作,不仅可以分离"所有"和"运营"来分散降低风险,更可以说是相互发挥各自团队的特长来工作。

当然,如果说这种模式的不足之处,就是我们企划阶段做预算讨论的过程中,自由度可能会受限。在开业之后,每年预算讨论无法顺利推进的时候,可能会给运营带来不利影响。

Q:听上去和当地业主的沟通非常重要。

N:我们尽最大努力解释我们的想法,当然对方认为无法成立或者不妥的地方,也一定有他们的考虑,我们也仔细聆听对方的理由。不同国家与地区,都会在商业常识领域有所差异,即便是同样的发言内容,也会存在不同的理解方式,所以,在沟通时需要尤为注意。我们的企划方案大部分都会被纳入预算,但也有会需要修正或无法纳入预算的时候。在需要修正时,就少不了需要尖锐而深入的讨论。

Q:在不同国家和区域你们是如何寻找投资人和合作伙伴的?

N:硬性条件方面,首先要考察土地。当然认同星野的理念也是前提,如果合作方比起我们的品牌特征,更重视一个金碧辉煌、设备充足的豪华设施,那一开始他们就找错了人。我们双方都必须在项目开始前就确认好能否在方向上达成一致。我们还很在

01   photo／星野集团

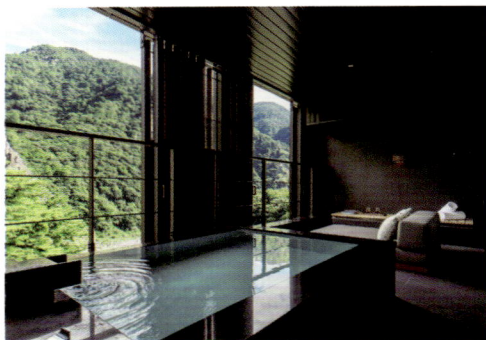

02   photo／星野集团

视角给我们一些意见，确认我们没有做一些奇怪的本地化。

我们的工作人员大部分都是当地人，这些当地的工作人员对自己的家乡有什么想法，是我们了解当地的开始。在发掘当地魅力点时，当地的工作人员带我们到附近溜达，他们会告诉我们很多重要信息，比如"爬到这个地方能看到最漂亮的风景"。每一个员工的观点我们都很重视。

Q：在海外做酒店品牌时，有遇到过反对的声音吗？

N：没有遇到反对意见，我们做海外项目的想法也持续了十多年，这符合公司内部的战略方针。

Q：做海外项目，最具挑战性的细节有哪些？

意合作方是否真诚，在不同文化里，真诚的表现形式也许不同，但在交流过程中我们会认真衡量对方的真诚度。

Q：和当地团队的互动有什么注意点？

N：在酒店还在概念设计的阶段，我们和设计团队的成员们也来到当地，体验美食，到附近的寺庙游览，观察当地的建筑。有些地区还会有原住民向我们讲述当地的传统风俗。我们在深入体验当地文化的经历中，做本土化设计和服务。伙伴业主会从当地人的

03   photo／星野集团

photo / 星野集团

04

N：除了上述商业习惯与法律法规的不同、沟通等领域的差异之外，设备的本地化也是一个挑战。在日本能拿到手的机器设备，不见得在国外也能拿到手，在日本可以使用的机器设备不见得在国外也能用。比如带有热泵功能的热水器是很重要的设备，但考虑到性价比，在海外市场，这未必是一个现实的选择。中间的管道系统，日本虽然采用热绝缘方式，但在当地未必具有性价比。就算我们从气象数据上大约了解到巴厘岛的气温，但是土地的温度、日夜的气温差，必须到了当地才能测量出来。想达到最适宜

的效果，要观察当地的情况一一调试。

Q：做海外项目和做日本项目最大的不同是什么？

N：最大的不同是经验不足。例如在"虹夕诺雅 谷关"，我们缺少本地经验，当地合作伙伴缺少做温泉酒店的经验，我们能补足双方各自不足的经验。整合一个好的团队，需要做的第一件事，就是向对方解释我们正在思考的问题，以及我们所思考的问题的根本所在。比如，温泉是什么？不同国家对温泉的定义与常识有很大不同，顾客在听到温泉时的想法也有差异。在日本，我们生活在同一个国家，所以大家对许多事物有共同理解的基础。但在海外，我们没有这样的基础。所以当开始一个项目时，我们必须互相沟通，互相解释。

我个人的实际感受是投入时间差别很大。花费在海外项目的时间是国内项目的两倍以上。其中也包含了自己额外学习和研究的时间。我们也要学习一些当地的语言，看很多相关书籍。做海外项目不是竞速跑，更像是长跑。Ⓜ

01—03 在台中的"虹夕诺雅 谷关"，星野最大的挑战是如何把当地的温泉资源和自然风光最大化地融入客人的体验。最终的结果是，所有的客房都有半开放式的山景（01）和温泉（02），酒店内的竹林（03）则是延续了当地的植被特色。
04 整个"虹夕诺雅 巴厘岛"都被丛林覆盖，客房的大床与户外丛林相通，咖啡馆也深入丛林之中。

Tomamu:
拯救一家濒临破产
的度假村

text /邢梦妮 photo /星野集团 殷莺

过去，滑雪度假村对待夏天的方式就是节约淡季成本。但星野集团不认同夏天就是淡季，它希望从根本上解决问题，找出 Tomamu 度假村夏天的魅力。

如果你观察星野集团的商业版图，会发现一个现象：他们名下的很多酒店都是从破产公司手中收购来的。

《行家本色》（仕事の流儀）是日本广播协会（NHK）最有名的一档人物纪录片节目。在星野佳路为主角的那期节目里，节目组给了这位星野集团代表一个称号："度假村的重生承包人"。

这么称呼不是没有道理。这些酒店可不是凭空变出来的，它们大多是日本"泡沫经济"时代的遗产。1986 年，日本经济迎来了后世称之为"泡沫经济"的增长期，但1990 年随着股市和房地产价格暴跌，人们不再热衷旅游，投资者失去信心，豪华度假村运营商还不起贷款，先后倒闭，酒店业也正式进入了寒冬。

距离北海道新千岁机场 90 公里的占冠村就是其中之一。1983 年以来，在北海道政府的推动下，这个群山环绕的小村庄陆续建

起了 4 座超过 30 层的高塔酒店，管理公司在山上开辟了滑雪道、高尔夫球场、室内体育馆。但在泡沫破裂后，度假村两度易主，还是做不下去了。

1991 年，在"泡沫经济"的尾巴上，星野佳路正式继承了家业，成为星野温泉旅馆的老板。2020 年，在接受猎头公司 En Japan 的采访时，他把泡沫经济形容为百年难遇的良机："只有在'战国时代'一般的混乱期，才会孕育出'以下克上'的可能性——那里有逆转大公司和我们这样的小公司地位的机会。"

2001 年，有金融机构上门劝说星野佳路接

云海展望台是星野集团运营 Tomamu 度假村之后最重要的改建设施，它激活了原本惨淡的夏季生意，每年吸引超过 10 万人次到访，成为星野"度假村重生"的经典案例。

photo / 星野集团

后的第二个品牌，专注大型度假酒店。星野集团改造度假酒店的业务也开始铺开，这时，它发现了占冠村那个濒临破产的度假村"Tomamu"。

2004 年，星野集团正式接手了这个度假村，一年后开始全面参与包括滑雪场、酒店在内的各设施运营。2011 年开始，星野集团将其中比较新的两栋塔式高楼划归 RISONARE 品牌，改称 RISONARE Tomamu。

此前，Tomamu 度假村经营不善的一大原因，在于太依赖滑雪季了。经营学者、札幌学院大学校长河西邦人曾经以 Tomamu 为例分析滑雪度假村，他提到，1998 年夏天，除了 Galleria Tower 高塔酒店外，Tomamu 度假村的其他设施都关闭了，这么做是为了节约成本。但一个豪华酒店只做单季生意，显然不是健康的模式。整个酒店陷入了"夏天没客人、财政恶化、没钱维护设施"的恶性循环。

盘一家山梨县的破产酒店，他的第一反应是"不"。此前星野家族的业务集中在老家轻井泽，并无多地经营的经验。但耐不住对方多次上门，星野佳路只好松口说去看看。

后来，那家酒店在 2001 年重新开业，现在叫"RISONARE 山梨八岳"——星野集团最终接下了这门生意。星野佳路这样回忆他决定接管的原因："如果我因为公司业绩好而一直处于守势，就无法成为'度假村管理专家'。"

RISONARE 这个词源自意大利语，意思是"共鸣"，它也成为星野集团继虹夕诺雅之

星野接手后的主要目标就是确保酒店全年都有稳定营收。但占冠村没有温泉、没有著名旅游景点，非雪季时，它缺乏一个旅游目的地的吸引力。这时，星野集团一个名叫相内学的人抛出了一个关键问题："既然那么没吸引力，为什么客人还愿意再来我们酒店呢？"相内学是北海道人，曾在温泉胜地登别市的旅馆担任经理，并在 2008 年成为星野在北海道的市场和销售主管。如今他是星野集团北海道事业的统筹负责人，已经在 Tomamu 度假村工作了 10 年。

相内学实际上是提出另一种思路，从已有的客人那里寻找来访理由。通过顾客调

查，他们得到一个重要信息：过去曾买过
Tomamu 的客人，对"家庭服务和制造回
忆"更感兴趣。

"亲子"成为关键词。从客观地理位置来
说，RISONARE Tomamu 靠近高速公路
交会处，距离附近的大城市——札幌车程
不到三小时，小孩子能安分地坐车，尤其适
合想自驾游的亲子家庭。另外，酒店提供儿
童游泳池设施，房间也很大，至少超过 100
平方米。

"我们发现，那些有孩子的家庭其实是不
得不来 RISONARE。"相内学说，"即便是
年轻时享受出国旅行的人们，但结婚有了孩
子后，也会倾向于日本国内自驾游。"

另一个重要参考则来自 Tomamu 度假村
的王牌——滑雪场。根据另一项星野集团内
部的调查显示，日本 85% 的人都滑过雪，
但其中 60% 的受访者不再滑了，原因是已
经结婚生子，不太方便独自来滑雪。星野集
团判断，这些人都是"休眠人口"，仍然是潜
在消费者。

RISONARE Tomamu 决定把"亲子度假"
作为改造的重心。那时，亲子主题酒店在日本
还不时兴，它进入的其实是一个小众市场。

改造的思路基于这样的假设：家庭的需求
没有得到真正意义上的满足。相内学认为，
日本已有的"家庭友好型酒店"往往以儿童
为中心，但许多家长的体验并不好。"真正
的家庭友好型，应该是如果我们给他们一
个来的理由，他们就会预订。"相内学相信，
接待家庭会是 RISONARE Tomamu 复
苏的门道。

01　photo/星野集团

02　photo/星野集团

于是，RISONARE Tomamu 的改造计划
开始了。首先是重新装修，每间房间多出一个
客厅，好让一家人一起共度时光；其次是增
加托儿设施，无论父母想单独用餐、滑雪，还
是水疗，都可以使用酒店里的托儿服务。

听上去很有说服力的改造思路和手段开
始并不顺利。儿童托管服务最开始使用
率很低，因为抛下孩子自己享乐会让很
多父母产生内疚感。后来，他们为此改进
了托儿服务，推出了"儿童活动俱乐部"
（GAO），策划更多孩子会感兴趣的活动内
容，后来这成了 RISONARE 品牌代表性
的服务。例如，"RISONARE 山梨八岳"

和"RISONARE 热海"的"森之空中漫步",是一个让儿童靠绳索和木板在树木之间穿越森林的项目。

"我们传达了这样的信息:不仅孩子们玩得开心,也要给父母提供可以放松的时间。"相内学说。

亲子客群给 Tomamu 度假村的复苏计划提供了动力,但大多数顾客仍在雪季到来,淡旺季营业差额大的问题没有完全解决。

过去,酒店业应对淡季的基本策略就是节约成本,但星野集团不想这么做。比如,根据淡旺季来调整雇用员工的规模,看上去像是节约了人力成本,但会影响整体的接待水平——有经验的员工没法留下来,新人要重新培训。总之,默认夏天就是淡季,为此节流的方式并不可取,星野集团希望从根本

上解决问题,为夏天"开源"。

和策划亲子活动的路数一样,团队想到的是做内容,加大力度做淡季营销,而员工是最了解当地魅力的人,理应让他们来贡献点子。在星野佳路召集员工开企划会议时,缆车索道维护部的负责人伊藤修提出,让夏天的客人都来山上看云海。

伊藤修是占冠村牧场家的儿子,自觉不擅长接待客人,所以做了和机械打交道的工作。由于要在缆车停运时维护索道,他经常起得很早,看到清晨群山间的云海。他后来意识到,从远道而来的客户的角度来看,云海很稀罕。

这个点子获得了其他人的一致好评。伊藤修最终开始经营"云海展望台"——一个山顶观景台,还附带咖啡厅,而餐厅部门帮忙培训

03   photo／殷莺

04   photo／殷莺

01-02 旺盛的滑雪需求让冬季成 Tomamu 度假村的旺季(01)。星野接手后的第一项改革,就是把核心客群从滑雪客拓展到家庭,亲子设施(02)成为重点。在 21 世纪初的日本度假村,年轻的核心家庭还被认为是度假业的"休眠人口",如今,亲子度假已经成为主流。
03-04 同品牌的"RISONARE 热海",同样为亲子需求做了特别设计。父母在为成人准备的花火餐厅(03)用餐时,可以请酒店员工代为照管孩子。而活动休息室(04)则提供亲子共处的空间,其中包括手工角、攀岩墙,以及一个教育画廊。

01   photo／星野集团

了那些对客户服务一窍不通的维修人员。

云海展望台刚开放时，只有不到 1000 人来看，但到了第二年，人数已经超过了 1 万。为了让那些看不到云海的游客别太失望，缆车维修部还推出了一项服务——把缆车票做成图片明信片，顾客投进露台的邮筒后，可以免费送到全国各地。他们还在山顶露台举办免费瑜伽课。

2018 年，云海展望台接待的游客数量累计达 100 万。2020 年，他们打算建造云端酒吧，并且设想在"云 9 计划"这个项目框架下建造更多观景露台。要是冬天去，你可以看"冰雾 Terrace"——这是一个在露台上赏雪的企划。

山顶的景点是云海展望台，山脚还有一个景点是农场。这里原本是一个高尔夫球场，2016 年被台风破坏，2017 年被星野集团改造成一个农场，度假村的员工们在这里放养牛、马和山羊，生产牛奶和冰淇淋。"Tomamu 因云海而闻名，已经成了一个品牌，我们希望农场也能这样。"相内学说，他们计划进一步发展生产线，推动本地乳制品的商业化。

相内学强调，伊藤修不是个例。哪怕员工从不接待客人，星野集团内部也鼓励每个人自由发言。每年，公司都会要求员工做 4 次企划，这让员工不再是单功能的"工具"，可能会从事各种服务，比如在某些情况下，餐厅工作人员也会帮忙铺床。

星野集团也在这里图贯彻它和当地共生的策略，请本地人来指导农场运营，还会和本地公司合作设计制服。Tomamu 还和富良野、朝日川这些度假胜地合作，推出了"一票共通"的游玩方案。新冠肺炎疫情来临前，Tomamu 的年入住率约为 85%。

星野集团对 Tomamu 的"改造"大都不是靠从上至下的决策，或是大笔投资，重要的改变都是自然而然发生的——亲子定位来自顾客的反馈，云海来自大自然，由本地员工发掘。管理团队所做的，只是鼓励员工说出来，然后支持他们把想法落地。截至 2022 年 3 月，星野集团旗下 RISONARE 品牌已有 5 家度假酒店。Ⓜ

02   photo／星野集团

03   photo／星野集团

04   photo／星野集团

01 2017 年，星野把度假村原本老旧的高尔夫球场改造为农场，并且准备把它运营成像云海一样的引客重点。

02—04 "云海"的点子是由度假村的缆车索道维护部员工伊藤修提出的。他经常在清晨登上山顶维修缆车。这个想法本身并不新奇，但关键是，度假村的企业文化能够鼓励员工提出点子，并付诸实践。现在伊藤修已经成为云海展望台的负责人，2006 年至今，这一景点不断推出新设施，这帮助它从单纯的景点升级为更好的度假体验。

大本营: 在轻井泽营造一个社区

text／邢梦妮 interview／王玮祎 photo／佐佐木谦一 星野集团

在商店街的招商中, 星野集团排除了在其他商业设施里常见的国民品牌。

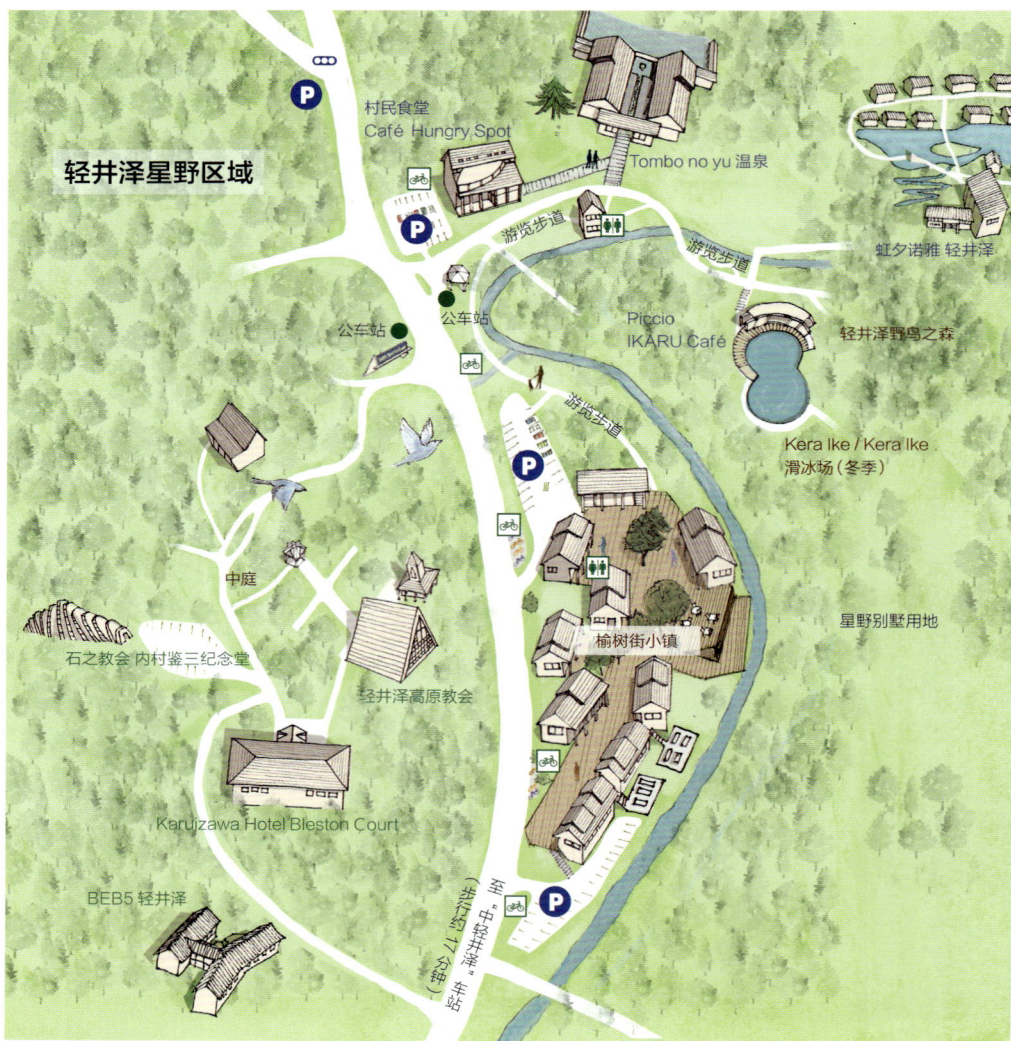

轻井泽星野区域

村民食堂
Café Hungry Spot

Tombo no yu 温泉

游览步道

游览步道

虹夕诺雅 轻井泽

公车站

公车站

Piccio
IKARU Café

轻井泽野鸟之森

游览步道

Kera Ike / Kera Ike
滑冰场 (冬季)

中庭

石之教会 内村鉴三纪念堂

榆树街小镇

星野别墅用地

轻井泽高原教会

Karuizawa Hotel Bleston Court

至"中 轻 井泽"车站 (步行约17 分钟)

BEB5 轻井泽

source／星野集团

轻井泽堪称星野集团的"出发点"。星野集团的事业发源于此，如今这个避暑胜地又承载了它更丰富的业态尝试。从最初的温泉旅馆，到后来的虹夕诺雅，如今，星野集团在轻井泽拥有一整片度假区。

在 1997 年到 2000 年之间，星野集团代表星野佳路陆续提出了一份"总体计划"（master plan）——轻井泽度假区要变成一个"逗留型度假村"，也就是说，让游客尽可能长时间地待在度假村里，为此，星野集团在轻井需要更多元的设施，不仅是酒店。

经过 20 多年的经营，星野集团的轻井泽度假区中除了自然风光和满足不同需求的酒店，长出了一个业态丰富的"轻井泽社区 Community Zone"。如今，除了酒店与教堂区域，那里还包括一个名为"蜻蜓"的温泉（Tombo no yu）、一个名为"村民食堂"的餐厅和一个商店街——榆树街小镇。

以酒店经营闻名的星野集团，为什么要运营一个社区，它又是怎么做的？星野集团负责轻井泽星野地区 Community Zone 的金井元子讲述了背后的故事。

photo／星野集团

金井元子（Kanai Motoko）

星野集团轻井泽星野地区 Community Zone（当天来回设施）总负责人。除了负责运营星野地区的商业综合体，她也负责别墅区管理、土地买卖和开发。

Q = 未来预想图（Dream Labo）
K = 金井元子（Kanai Motoko）

Q：为什么要在轻井泽做 Community Zone？

K：大家过去对轻井泽的印象是远离炎热都市的避暑地，适合在暑假的时候过来长住。随着新干线和高速道路等公共交通设施的发展，从东京市中心来轻井泽变得更方便了，一年中不管什么时候都可以频繁来访。另外，人们的观念也发生了很大的变化——原本只有富裕阶层的人才会在轻井泽买别墅、度假，但最近 20 多年，更多生活在城市的人开始认为"虽然城市生活很重要，但也想在接近自然的地方过更自我的生活"，从而开始寻找属于自己的据点。轻井泽就是一个满足了这种需求的地方。

Q：到底什么是"轻井泽社区"？它要传达的是怎样的生活？

K："轻井泽生活"的基础是别墅文化，以及与之相伴的有高级感的悠闲生活，还有四季分明的自然景色和在人与人的联系中感受到的丰富充实。如何把这些传达给客人，不单靠酒店、度假村，还要有更多设施，比如餐厅、温泉等。我们希望整个Community Zone 真正成为一个社区，现在在轻井泽居住或者置业别墅的人，实际上就享受着这样的轻井泽生活，日常来光顾我们的设施也已经是他们生活的一部分了。这样的人是我们传达"轻井泽生活"最重要的帮手。来游玩的客人看到这些当地居民，就会了解到他们是如何使用这些设施的，看到他们的生活状态。在最初建设榆树街小镇的时候，也针对希望入驻的店铺直接征询了当地居民的意见。

另外，当初做"轻井泽社区"也是出于想构建一个社群的想法。但并不是那种很紧密的社群，而是去把一些和我们想做的事情有共感的人联系起来，创造一个宽松自在的社群，然后社群的核心是我们自己。我们的工作人员也在轻井泽生活，享受轻井泽的生活是最重要的，如果能把自己觉得享受的部分传达给客人，那就是最有说服力的了。

Q：我们对榆树街小镇很感兴趣。这条商业街一边连接"虹夕诺雅 轻井泽"，另一边也有 BEB5 这样适合大众的酒店。那么这条商业街的商家该如何定位？

K：十几年前，正好是我负责榆树街小镇的开发项目。榆树街小镇坐落于轻井泽河岸边一大片漂亮的自然空间，这里生长着百棵

榆树。虽然当时可以把地盘做得更大一些，但我们希望能在尽可能保留榆树的基础上，去建造一块舒适惬意的休闲场所。所以，我们先决定的是建筑物的规模和排列布置。考虑到土地大小，每家店铺的空间绝对称不上宽敞，但我们尽力在现有的条件下达到了最好的效果。

正因如此，店铺的数量也是限定的。当初我们在考虑入驻商家的时候，首先想的是为了保持整体的平衡，这里需要有什么类型的店铺，然后再去考虑每种类型具体该找哪个商家。在这过程中，我们重视的是与主题"轻井泽的日常"相契合、能反映"有品质的生活感"的品牌。

另外，我们也想要提供"只能在这里体验到的服务"和"只有在这里才能买到的商品"，所以排除了在其他商业设施里常见的国民品牌，尽量去找了轻井泽本地或与轻井泽有缘的品牌，包括从来没有线下店、第一次在榆树街小镇开店的商家。比如丸山咖啡就是我们第一个发出邀请的品牌，它不仅是在轻井泽成长起来的品牌，使用的咖啡豆品质在精品咖啡领域中也非常优秀。

Q：在邀请店铺入驻的过程中遇到过什么挑战？会如何说服对方？

K：此前看到你的这个问题，说实话苦恼了挺久，因为基本上我们提出邀约之后，对方都很有兴趣，没有什么说服的过程。不过，的确有人对在轻井泽开店感到迟疑，商家最大的不安来自"轻井泽是避暑地"这个印象，他们觉得游客会集中在夏天来访。日语里通常把这种叫作"繁闲差"，指的是旺季和淡季的客流量差异很大。具体来说，轻井

01 photo／佐佐木谦一

02 photo／佐佐木谦一

03 photo／星野集团

04 photo／佐佐木谦一

在营造"榆树街小镇"这个商圈时，星野集团主要选择与主题"轻井泽的日常"相契合，能反映"有品质的生活感"的品牌入驻（01）。榆树街小镇里既有发源于轻井泽地区，如今已成为精品咖啡连锁店代表的丸山咖啡（03），也有可以提供合理价格的传统日式荞麦面店（02）、意大利餐厅，还有日常生活需要的面包房与销售各种酒类的商店（04）等。

泽的冬季非常漫长，基本会从 11 月的连休开始一直持续到 4 月。进入 5 月，草木开始显现新绿，是轻井泽非常漂亮的时候，可惜 5、6 月大家都没什么假期，所以游客会大幅减少。到了 7 月放暑假的时候，游客又会突然增加。著名的商店街"旧轻井泽银座通"那一带在过去尤其如此，直到现在，那里的很多店仍然只在夏季开业。

但我们的社区主要位于中轻井泽地区，在我们计划建设榆树林小镇的时候，蜻蜓温泉和村民食堂已经开始运营，而且它们都是全年运营的，特别是温泉设施，起到了很关键的作用，这样冬天也有客人来访，所以我们

01   photo／星野集团

02   photo／星野集团

03   photo／星野集团

和店家很容易达成了方向上的共识：缩小淡旺季之间的差别。我们首先会向担心的店家说明情况，另外，商家可能也看到了星野集团在宣传轻井泽上付出的努力。

Q：餐厅是轻井泽社区中很重要的业态。你们对餐饮的招商有什么讲究？

K：一个主要的想法是，纳入尽可能多样的菜系。因为客人经常会在这里住上好几天，也不能每天都吃全套的法国料理，所以这里既有荞麦面店、印度餐厅，也有中华料理。这些餐厅都是"轻井泽的日常"的一部

04   photo／星野集团

在星野集团的计划里，轻井泽度假区是要做成一个"逗留型度假村"，所以需要除了酒店以外更多元的设施。Tombo no yu 温泉（01/02）不仅对住宿的客人开放，路过的游客们、外部居民们都可以享用温泉服务。温泉旁边还有一个休闲餐厅"村民食堂"（03）与咖啡厅"Hungry Spot"（04）提供餐饮。

分，都是能轻松地走进去吃饭的餐厅。

具体的经营上，我们还是会先尊重各家餐厅的个性，基本不会直接去干涉菜品。不过，假如正值圣诞季，各个餐厅都打算推出圣诞特色菜单的话，我们就会去把这些信息收集起来集中宣传，包括餐厅推出的具体菜品和时间，也会实际去店内拍照，等等。

Q：在什么情况下你们会更换店家？

K：榆树林小镇比起一般的商业设施更换合作伙伴的频率应该要低很多。不过，也有向我们提出想要入驻的商家，我想今后有机会的话也会有更换的可能。首先还是要保证整体上类型的丰富性，商户组合（テナントミックス）的调配平衡非常重要。然后就像之前选择商家一样，看重享有共同的价值观、能一起在轻井泽地区努力的品牌。如果能提出具有轻井泽星野区特色的创意提案就更好了。Ⓜ

photo／星野集团

在传统观念里，人们习惯去轻井泽避暑度假。但轻井泽的冬季非常漫长，基本会从 11 月的连休开始一直持续到 4 月。星野集团也在开发轻井泽冬季的旅游项目，除了人气项目"Tombo no yu 温泉"之外，他们还在森林中结冰的蝼蛄池（Kera Ike）设置了一个溜冰场。

去滑雪！
星野集团的新机会

text／赵慧 季扬　photo／佐佐木谦一 星野集团

日本的滑雪经济兴盛于经济高返增长期，在泡沫经济时代达到顶峰。现在，这些"滑雪遗产"正在承受设备老化与客流减少等多重压力，星野集团却在此时发现了机会。

2021 年 12 月 24 日，已是圣诞节期间，对于日本福岛县的星野集团 Alts 滑雪场，最让人担心的事莫过于：今年的滑雪季能否如期开始？

日本：消失的滑雪客

滑雪是个季节生意。按照星野集团（Hoshino Resorts）磐梯度假村总负责人森本刚的说法，他们将每年 12 月到次年 3 月称为"雪季"，其他季节都被称为 Green Season（绿季）。在滑雪场开放的雪季　拥有滑雪场的磐梯山温泉酒店可以收获比绿季高两成的入住率。

在日本，能被称为"豪雪地区"的不仅是北海道，位于日本本岛东北地区的山形县、

01　　　　　　　　　　　　　　　　　photo／星野集团

01—02 Alts 滑雪场与猫魔滑雪场推出了浮世绘风格的海报。

02　　　　　　　　　　　　　　　　　photo／星野集团

日本滑雪人数变化 — 单位：万人（●双板滑雪 ●单板滑雪）

年份	双板滑雪	单板滑雪
1982年	600	
1983年	650	
1984年	680	
1985年	700	
1986年	750	
1987年	800	
1988年	900	
1989年	1100	
1990年	1380	
1991年	1700	
1992年	1760	
1993年	1770	
1994年	1670	
1995年	1630	
1996年	1670	
1997年	1360	320
1998年	1400	400
1999年	1230	430
2000年	1160	460
2001年	1080	530
2002年	1090	540
2003年	760	430
2004年	760	520
2005年	710	470
2006年	610	420
2007年	560	400
2008年	690	440
2009年	720	420
2010年	570	340
2011年	630	400
2012年	560	230
2013年	480	290
2014年	480	280
2015年	330	260
2016年	250	220
2017年	400	210
2018年	380	160
2019年	350	160
2020年	270	

东北新干线 与上越新干线通车

电影《带我去滑雪吧》上映

长野冬奥会举办

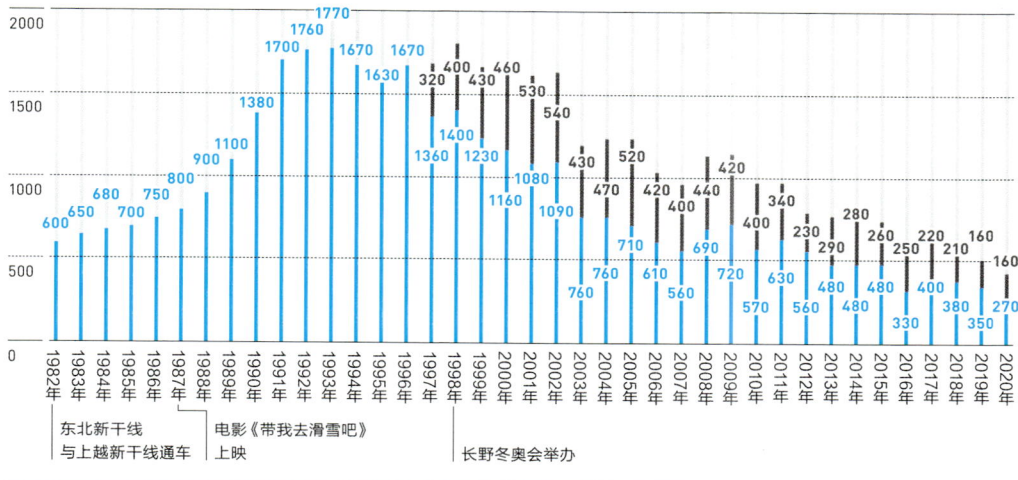

source / 2021 年《休闲白皮书》，日本公益财团法人日本生产性总部

秋田县、青森县、福岛县，靠近日本海的新潟县、富山县，境内山区众多的长野县、岐阜县，都可能迎来积雪超过 50 厘米的强降雪。

通常，11 月日本已经有滑雪场陆续开业，多数滑雪场会选在 12 月开始当年的营业季，一直持续到次年的三四月。气候变暖的确成为影响滑雪场经营的一个重要因素。2020 年 1 月，因为降雪量不足，新潟县系鱼川市 Seaside Valley 滑雪场自 1980 年开业以来，首次宣布冬季停业。据《日本经济新闻》报道，2019 年末至 2020 年初的这个暖冬，也让新潟县 57 个滑雪场当中有 10 个没法营业。

人们有时会怀念滑雪在日本的黄金年代。那时，滑雪是热门生意。日本公益财团法人"日本生产性总部"每年都会发布一份《休闲白皮书》，统计并分析各种休闲活动的供求关系与市场动向。《休闲白皮书》显示，日本的滑雪总人数在 1998 年达到 1800 万峰值之后就持续下滑，2020 年的滑雪总人数只有 430 万人，仅为最盛期的 1/4。人数减少直接影响了经济收益：2020 年日本各滑雪场总收入不到 1998 年的 4 成，滑雪装备市场规模也下滑至 3 成。

滑雪热潮在日本称得上大众层面的兴起要追溯到 1961 年。那时的日本正值经济高速增长期，滑雪仅仅是人们众多休闲项目中的一项。日本中产阶级数量急速增长，可支配收入增加，私家车持有率也不断上升，各地都掀起旅行热潮。

市场也针对这个趋势做出了反应：商家们为了抓住这批消费者，纷纷兴建体育场、百货店等大型休闲与消费设施。滑雪浪潮还有好几轮铺垫：首先是日本铁道在 1959 年推出了各种通往观光目的地的打折车票，巴士公司推出了开往滑雪场的夜间巴士；紧接着一两年，奥地利滑雪运动员托尼·塞勒（Toni Sailer）在冬奥会连夺金牌后转型为演员，他主演的一部电影当年在日本位列海外电影票房第十；到了 1961 年，随着北海道 Niseko 与新潟苗场这两个大型滑雪场正式开业，让滑雪流行起来的要素慢慢齐备了。当年，日本滑雪人数首次突破了 100 万人。之后，日本的滑雪场建设就进入了高速发展时代。

在此期间，1972 年的札幌冬奥会与 1998 年的长野冬奥会也是大众滑雪热潮的重要推动要素，冬奥会期间选手们获得奖牌时的舆论讨论热度，让冰雪运动进一步获得关注。1982 年东北新干线与上越新干线通车，更是让人们能够更方便快速地深入日本滑雪胜地。

如今，很多人愿意将 20 世纪 80 年代日本的新一轮滑雪热潮归因于一部电影：《带我去滑雪吧》（私をスキーに連れてって）。这部以滑雪场为背景的爱情电影引发了上班族在工作压力之下的消费与休闲共鸣。大量滑雪需求之下，滑雪场周边的度假村、酒店也大量涌现。原本昂贵的滑雪用品套装，也因市场竞争加剧，价格从 10 万日元（约合5600 元人民币）一套降至 2 万日元左右。

然而泡沫经济的结束让热潮迅速消退。索道等滑雪场基础设施大约三四十年后就需要更新，新一代中坚潜在消费者却一直生活在日本经济长期低迷期，可支配收入没有父辈当年那么多，休闲娱乐选择却更多了。经历了泡沫经济年代疯狂发展的日本滑雪场，

01   photo／佐佐木谦一

日本滑雪市场规模变化

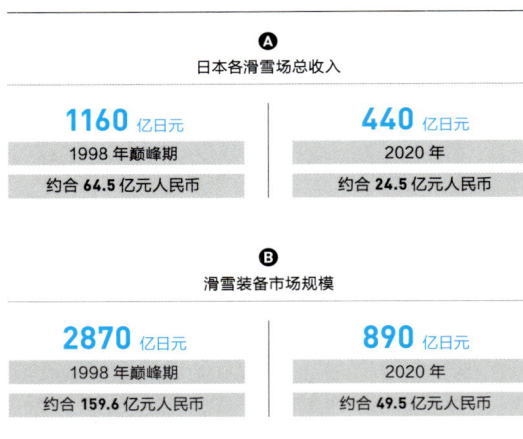

Ⓐ
日本各滑雪场总收入

1160 亿日元	**440** 亿日元
1998 年巅峰期	2020 年
约合 **64.5** 亿元人民币	约合 **24.5** 亿元人民币

Ⓑ
滑雪装备市场规模

2870 亿日元	**890** 亿日元
1998 年巅峰期	2020 年
约合 **159.6** 亿元人民币	约合 **49.5** 亿元人民币

注：本表格与全文汇率以 Morningstar 2022 年 1 月 15 日的数据计算
source／2021 年《休闲白皮书》，日本公益财团法人日本生产性总部

01—02 猫魔滑雪场（左图）与 Alts 滑雪场
（右图）分别在山脉的南北两侧 。

02

photo/佐佐木谦一

进入 21 世纪之后，开始面临进退两难的局面。

2020 年，日本国土交通省观光厅针对日本的滑雪索道事业经营者做了一次调查，发现日本滑雪场轨道的平均寿命已有 27.5 年。根据森本刚的说法，滑雪场的设备到三四十年的时候就要考虑更新。而更换一条登山索道需要投入数亿日元。除了度假村运营工作，森本刚同时兼任日本东北索道协会福岛地区部会会长一职。

从投融资角度看，这些轨道因为已经建设了许久，所处的土地界限常常不够明晰，也会增加索道的收购难度。根据观光厅的这次调查，目前日本的滑雪场当中有 3 成与度假村业务一起运营，但因为整体滑雪市场环境低迷，投资额度巨大，加上滑雪产业受气候影响大，常导致金融机构难以对房地产担保价格作出合理估值。这些接受调查的滑雪场当中，有 1/4 已经借款超过 1 亿日元（约合 556 万元人民币）。

但政府显然并不想放弃这个产业。日本修订了 20 世纪 60 年代推出的《观光基本法》，于 2007 年正式施行《观光立国推进基本法》，明确了政府层面对旅游产业的态度。日本观光厅也发现了《休闲白皮书》中的另一个趋势：以滑雪为目的的访日观光客在不断增加，这个族群在日本的人均旅行消费达到 22.5 万日元（约合 1.25 万元人民币），比日本本国民众的消费额还高。同时，这个群体也可以在一定程度上弥补每年日本本国流失掉的滑雪人数。

而要吸引海外观光客，在观光厅的建议中，结合温泉、饮食、传统文化体验等当地特色，将滑雪与住宿打包会是个不错的策略。另外，在日本本土客流中，有不少中高年龄层消费者都曾中断过滑雪体验，他们与高收入客流都更愿意选择相对长期的滑雪度假逗留计划——这意味着，滑雪场与度假村经营者可以开发长期住宿服务计划。星野集团试图抓住这一轮机会。

星野：重新发现滑雪场的生意机会

星野集团社长星野佳路是个超级喜爱滑雪的好手，他给自己定下了一年滑雪 60 天的目标。疫情之前，他会在夏天飞去澳大利亚滑雪，算好时差，与日本总部线上沟通工作。2021 年圣诞节期间，他早早住到了集团旗下的磐梯山温泉酒店，12 月 26 日，他拎起滑雪板，开始了这个雪季的"第一滑"。

星野这个家族企业创立于 1904 年，星野佳路是第四代经营者。他在 20 世纪 90 年代重新梳理了家族事业起源地——轻井泽——的各种土地与经营关系，让这家日本传统公司走上了现代化治理的道路。他

为集团设立的定位是"酒店运营专家"，自
2001 年开始，便不断收到各种委托星野做
酒店运营的邀约。

与滑雪有关的酒店项目，他到目前做了 3
个，他把这些项目称为"再生"型项目。在
项目的实施过程中，他发现了一些运营上的
门道。

在需要改造的滑雪场里，他发现问题常常
很集中：需要登山索道的地方往往没有索
道；不少离山脚近的索道还是旧款没有更
新，很少有人的地方却更新了最新的高速
索道。山区土地、索道、酒店归属不同所有
者，导致投资与市场营销无法统一战略。所
以在整合滑雪项目时，星野集团更愿意选择
先持有、再改造运营的路线。北海道与福岛
的项目都是这一类。

福岛县磐梯山温泉酒店与 Alts 滑雪场构成
的度假区域位于磐梯山——猫魔山——厩
岳山山脉群的南侧，这组设施于 20 世纪
90 年代初期开业；猫魔山北侧则是 1986
年开业的猫魔滑雪场。两家滑雪场与度假
村都因为滑雪热潮消退而承受经营压力。
2003 年起，星野集团陆续收购、接手了这
些设施。星野佳路曾公开表示，3 年后，这
些设施都摆脱了赤字窘境。

他的改革方案之一是重新梳理定位，瞄准
那些带小孩来滑雪的家庭。这些家庭的父
母大多有过滑雪经验，但因成家生子中断了
滑雪。很多人中断的一个理由是，索道排队
人数过多，等待时间过久，设施配套服务不
足，一家人常常吃不上饭。星野佳路改善了
自家滑雪场里的餐饮服务，还打出"咖喱不
好吃就退款"的宣传口号。另外，针对那些

想要磨炼技术的熟手，他在滑雪场设置了
更多课程，在宣传中还曾提出"不满意就退
款"的口号。

他还制止了当时打折券满天飞的乱象。"我
们不是做一个使用旧设施、提高索道使用
费，或者通过哄抬土地价值实现盈利的滑
雪场，而是把它转变成一个顾客满意度足
够高的度假村。"星野佳路曾在给日本国内
报道市场趋势与变化的报纸《日经 MJ》写
的专栏里回忆说。

综合多个设施开发的好处也逐渐体现出来。
2008 — 2009 年滑雪季开始，Alts 滑雪场
携手猫魔滑雪场推出通用的索道券，滑雪客
们不仅可以获得更优惠的价格，还可以获得
多种雪道的滑雪体验——北侧的猫魔滑雪
场有更陡的雪道，因为背阴，也更容易积雪，
它的滑雪季会更长；南侧的 Alts 滑雪场与酒
店相连，面积也更大。滑雪客们通过索道到
达山顶后，可以自由选择往两个滑雪场方向
滑雪，两个滑雪场之间只有 15 分钟步行路
程——如果从山脚绕，车程需要一小时。

1983 年开业的北海道 Alpha Resort
Tomamu 本是一个由政府与多家企业合作
开发的综合性大型度假村，除了有滑雪场与
酒店，还有高尔夫球场、棒球场、游泳池等
多个休闲设施。但很快日本泡沫经济破灭，
度假村本打算通过当时流行的销售度假村
会员的商业模式，陆续回收塔楼等大额投
资费用，最终因为夏冬客流差距过于明显，
陷入了现金流不足又无法做设备维护与投
资的窘境。2004 年，星野集团收购了这个
度假村并接管运营。

通过云海展望台这类企划，星野集团在

01

photo／佐佐木谦一

一定程度上弥补了原先的 Tomamu 度假村绿季客流缺口，在疫情前的 2019 年，Tomamu 度假村的年均客房入住率可达八九成。2015 年，中国复星国际旗下的豫园商城接手了 Tomamu 度假村的所有权，星野集团继续负责它的日常管理运营。

这种绿季营销经验被迅速复制到星野集团有滑雪业务的度假村。福岛磐梯度假村区域有一个可在绿季营业的高尔夫球场，4 月雪季末期，还会启动露营车滑雪打包促销。另外，它并不介意介绍周边的餐厅、酒店与其他景点，毕竟，福岛这个区域即便拥有滑雪、温泉、传统工艺等多种足够有吸引力的观光要素，迄今仍然承受着 2011 年地震引发核泄漏带来的声誉压力。

磐梯度假村的海报不在乎使用更出挑一点的广告文案，促销时，浮世绘风格的海报上

02

photo／佐佐木谦一

会加上几行字，"快去告诉所有的滑雪笨蛋吧!"。这是个取巧的选择——浮世绘契合欧美观光客对日本风格的第一印象。

"我们不觉得会冒犯顾客，"磐梯度假村总负责人森本刚说，"正相反，喜欢滑雪的人会接受这样的形容。"他也承认，海外客层与深度滑雪爱好者都是有潜力的顾客群。

带孩子的家庭、外国人、深度爱好者……还会有新的目标客群出现吗?星野在 Alts 滑雪场与猫魔滑雪场的观光手册的角落写下了它的野心:19～22 岁的年轻人会获得一个极低的滑雪折扣，19 岁的滑雪客可以免费乘索道，20～22 岁的人在非假日只需要支付 500 日元（约合 27.8 元人民币），这个价格，大约是正价的 1/10。

2021 年 12 月 29 日，经过前几天的一轮强降雪，加上滑雪场人工降雪，Alts 滑雪场新一年的雪季开始了。

磐梯度假村的新发现

拥有两个滑雪场、一家温泉酒店、一个高尔夫球场的磐梯度假村如何运用手边的资源？我们与磐梯度假村总负责人森本刚聊了聊他的新计划。

Q = 未来预想图（Dream Labo）
M = 森本刚（Morimoto GO）

photo／佐佐木谦一

森本刚（Morimoto GO）

星野集团磐梯度假村董事、总负责人

Q：日本滑雪市场在泡沫经济时达到了顶峰，在那之后由于市场持续缩小，滑雪场的顾客大多维持在中高年龄层，年轻消费者持续减少。星野集团从 2001 年 RISONARE 山梨八岳的再开发项目，到 2003 年的 Alts 滑雪场与猫魔滑雪场，再到 2004 年接手北海道 Tomamu 度假村，一直在经营滑雪事业。为什么在滑雪市场持续缩小的情况下星野集团仍旧重视滑雪事业？你们的目标客群是怎样的人？

M：日本的滑雪人数的确每年都在减少，但是我们有很多专程从海外来日本滑雪的客人，并且这个群体一直在扩大。日本临海，拥有独特的地理环境，有降雪量大、雪质好等优势条件，我们认为日本的滑雪场可以作为有魅力的观光资源，吸引全球各地爱好滑雪的观光客。

Q：星野集团从 2001 年开始运营滑雪场，现在已经过去了 20 年。日本的滑雪市场在这 20 年中有什么变化？顺应这些变化，星野集团做出了哪些战略上的调整？

M：2000 年是日本单板滑雪的鼎盛期。当时单板滑雪文化刚进入日本，很多滑雪场还无法为单板滑雪客提供服务。那时我们采取的战略是把我们的滑雪场塑造成"单板滑雪的圣地"。我们在滑雪场设置了很多适合单板滑雪的设施，推广刚进入日本的单板滑雪文化，以扩大当时单板滑雪的消费人数。

但现在，比起单板或者双板这类切入口，我们的战略转变为瞄准更多单双板的深度滑雪爱好者，让他们成为星野的顾客。现在滑雪场的形态越来越多，有专供大家玩雪的滑雪场，也有定位于看雪景的滑雪场。而我们希望大家在我们的滑雪场可以滑得愉快。我们考虑到，虽然滑雪的总人数在减少，深度爱好者仍旧会坚持滑雪，是相对稳定的客源，我们滑雪场的地形、雪质等条件也更适合走这条路线，能给深度爱好者提供专业的滑雪环境。因此，现在的战略方向的转变是根据市场环境的改变和我们自身条件的考量决定的。

Q：重新接手开发滑雪场时，你们遇到过哪些挑战？

M：正如刚才提到的，日本滑雪市场的规模一直在缩小，所以我们首先要做的是维护好现有的顾客群体，并且尽可能扩大它。同时，我们还需要吸引更多的海外客人来日本滑雪。比如说近些年，我们开始参加澳大利亚的滑雪旅行展会，目的是为了吸引更多南半球的客人来日本滑雪。因此，对我们来说，第一大挑战就是要努力扩大日本滑雪市场的规模。

在此基础上，第二大挑战是滑雪设施等硬件投资。现在日本国内的滑雪场差不多都已运营了三四十年，大多到了更新设备的时期。在持续揽客、努力扩大市场规模的同时，有选择地投资、更新设备，创造出更有魅力的滑雪场，这是非常有挑战的。不单单是我们，现在日本国内几乎所有的滑雪场都面临这样的挑战。

Q：更新滑雪场设备，大概要投入多少费用？

M：更换一条登山索道，需要投入数亿日元。现在我们主要更新那些有必要更新的索道，同时削减了一部分不需要的索道，投建了更有价值的新索道。我们正是通过这样的调整提升滑雪场的揽客能力，然后我们会将营收的一部分投资于硬件设备，如此循环。

Q：在投资设备时，星野集团如何决策？

M：滑雪场常常容易被误认为越大越好。但在滑雪场的面积、登山索道的数量上竞争的时代已经结束了。"这个滑雪场到底能提供怎样的价值"是眼下我们关注的问题。提高用户体验的同时，去除不必要的硬件设施、降低管理成本是很重要的。在保证收益的情况下，选择有价值的硬件设施，这是我

01   photo／佐佐木谦一

们在作投资决策时的判断标准。

Q：你们如何提高滑雪场的用户体验？

M：我们会根据各个滑雪场的地形条件和环境具体判断。比如 Alts 滑雪场一共有三大山脉，穿过其中一大山脉，北侧就是猫魔滑雪场。特殊的地形使我们的滑雪场根据地点不同，拥有不同的雪质、雪景和坡道。如何在一天时间里让客人尽可能多地体验到这些，是我们提高用户体验的关键。客人可以根据自己的心情、当天的雪质自由选择。我们现在还计划将 Alts 滑雪场和猫魔滑雪场通过索道连接起来，让客人能够更快到达想去的滑雪地点。

Q：我们发现星野集团旗下的酒店品牌都有非常细分的目标客户群体。Alts 滑雪场的目标客户与酒店一致吗？

M：Alts 滑雪场的目标族群是深度滑雪爱好者，附近的磐梯山温泉酒店主要是以家庭为目标客群。由于滑雪场和温泉酒店相邻，我们的战略是在这两处之间创造更加紧密的关系，共享和活用滑雪场与温泉酒店的不同客群。

针对温泉酒店，我们在雪季和绿季会采用不同的运营方式。在雪季，我们主要针对滑雪客做出运营上的调整。比如酒店入住时间调整为下午 4 点，退房时间调整为下午 1 点，而其他季节入住时间是下午 1 点，退房时间是上午 11 点。这是为了让滑雪客在上午滑雪结束后，有充分的时间休息并做好退房准备。除此之外，这一季我们还有非常了解滑雪的员工在酒店大厅"待机"，随时帮客人解决滑雪相关问题。我们还在不断充实类似的服务，它们都是为了让客人在入住我们的酒店时能够更好地享受滑雪，加强滑雪场和温泉酒店的联系。

Q：星野接手酒店运营后，在硬件和服务上分别做了什么样的调整？

M： 硬件设施上我们做出的调整较少，在服务方面，我们做了不少改变。比如说，我们开始在晚上举办文化体验活动，让滑雪归来的客人能有更多的机会体验当地的文化。我们还针对入住一周以上的长期住客开展"居酒屋 GO"活动，目的是让客人更好地体验当地的饮食文化。酒店的餐厅也会经常更换菜品，这也是为了长期入住的客人能够更好地享受这里的美食。

Q：针对滑雪场和温泉酒店的运营，今后各有什么新计划吗？

M： 我们没有将滑雪场和温泉酒店分开，而是将它们作为"滑雪度假村"这样一个整体来制定今后的战略。

首先，我们一直都在努力将滑雪场和温泉酒店的复合效应最大化，以此来提高客户的体验价值。这点我们在今后也会持续思考和开发相关产品及服务。要想让客人认识到"来 Alts 滑雪场滑雪，一定要选择星野集团磐梯山温泉酒店"，让他们感受到高附加价值是很重要的。

其次，正如刚才提到的，我们计划通过索道将 Alts 滑雪场和猫魔滑雪场连接起来，在此基础上，我们希望将客人原本的一日游需求转化为入住酒店的需求。这不但对我们滑雪度假村的经营很重要，还对提高地区的知名度有利。

冬季在我们滑雪度假村获得优良体验的客人，夏季有可能继续光顾，这会形成一个好的循环。因此对我们来说，冬季的揽客非常重要，我们也会尽可能在这个领域集中资源。从现在开始的三五年内，我们想达到"被顾客们喜爱的滑雪度假村"这一目标。疫情结束后，我们也期待更多海外滑雪爱好者来这里游玩。 **N**

01—03 磐梯山温泉酒店推出了各种带有当地特色的料理与文化体验活动。

02　　　　　　　　　　　photo／佐佐木谦一

03　　　　　　　　　　　photo／佐佐木谦一

最会做"社群"的啤酒品牌

text／邢梦妮　photo／星野集团

开拓新品类、拉拢狂热粉丝、主打线上渠道……
YOHO BREWING* 怎么看都不像一个传统的啤酒品牌。

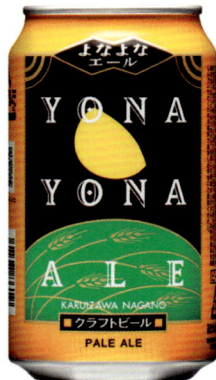

よなよなエール
yonayona ale

僕ビール君ビール
我也啤酒你也啤酒

軽井沢ビール クラフトザウルス
轻井泽啤酒 Craft Zuarus

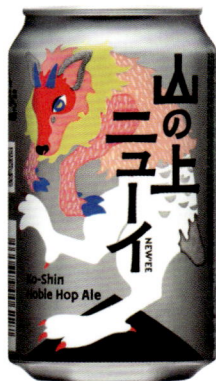

山の上ニューイ
山上 NEW'EE

1983 年，星野佳路从庆应义塾大学毕业后，远渡美国读研究生。一次，在学校附近的酒吧里，他随便点了一种啤酒，店员端上来后，他发现这种啤酒的口味在日本从尝过，泡沫绵密，果香浓郁。

店员介绍说，这叫"艾尔"（Ale），是一种发酵温度较高、香味浓郁的啤酒。"你的国家没有这种酒吗？那太糟糕了！"他感叹道。

于是，这个年轻人把艾尔啤酒记在了心里。后来还找到了那个品牌在当地的酿酒厂。

相比于大规模工业量产的啤酒品牌，地方性的啤酒厂产量更小，但更讲究风味的创新和酿造手艺。地方啤酒在全球各地都曾流行，比如改革开放之后，中国内地的地方啤酒品牌一度发展繁荣。在日本，地方啤酒在 20 世纪 90 年代成为一股风潮。1994

*YOHO BREWING 由星野集团代表星野佳路创立，如今由星野集团与麒麟麦酒联合控股，社长为来自广告行业的井手直行。

インドの青鬼
印度的青鬼

水曜日のネコ
星期三的猫

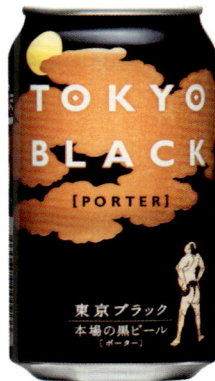

東京ブラック
东京 BLACK

サンサンオーガニックビール
SunSun 有机啤酒

軽井沢高原ビール 2022 年限定
轻井泽高原啤酒 2022 年限定款

2020 銀河高原ビール
2020 银河高原啤酒

年，日本政府修订了《酒类税法》，把啤酒厂的产能门槛从原来的每年 200 万升大幅降到 6 万升，只有原标准 3%，这意味着小型的精酿啤酒厂可以合法存在了。根据出版社农山渔村文化协会 2013 年的著作《地域食材大百科》所述，此后 2 年间，日本各地涌现出了 300 多家小型啤酒酿造厂，甚至还出现了"地产啤酒"（地ビール）这样的专有名词。

一种说法是，日本经济增长期蓬勃发展的旅游业成就了地产啤酒。地方政府将其视为地方旅游的特色，游客们也喜欢尝试，毕竟这是日常喝不到的口味，厂商也投其所好，把旅游目的地作为主要的销售渠道。

地产啤酒风行之时，星野佳路已经回到日本，继承了轻井泽的家业。1996 年，对艾尔啤酒念念不忘的他创办了一家啤酒厂，名

YOHO BREWING 旗下子品牌的共性是有趣的品牌名和色彩丰富的罐装设计，消费者第一眼甚至都不会觉得这是啤酒。

YOHO BREWING 社长的井手直行是被星野佳路拉来做啤酒事业的。经营困难时他曾一度想要放弃，但最终他和同事通过电商打开市场，并且找到了适合自己的品牌和产品策略。YOHO BREWING 在创业 8 年后扭亏为盈。

叫 YOHO BREWING。据说"YOHO'这个名字的灵感来源，是因为员工们想在轻井泽的山林间呼喊："Yoho——我们制造出了美味的啤酒——"

二十多年后，YOHO BREWING 已经成为日本最大的艾尔啤酒生产商。如果你在轻井泽，到处都可以看到颜色鲜艳的罐装啤酒——那八成就是 YOHO BREWING 的商品，他们名下在售的艾尔啤酒品牌有整整 10 种。最有名的要数"YONA YONA ALE"（よなよなエール）系列，名字直译过来就是"每晚每晚艾尔啤酒"，在 YOHO BREWING 2020 年的业绩公报中，YONA YONA ALE 是同比增长 49% 的王牌商品。

看上去 YOHO BREWING 是星野集团又一个成功的创业案例，但实际上它的前期发展并不顺利，创立后一度连续亏损 8 年，之后才触底反弹。

日本的地产啤酒热在 20 世纪末达到顶峰，当时的 YOHO BREWING 顺势投入了不少营销预算，比如在轻井泽所在的长野县当地电视台打广告。但进入 21 世纪，泡沫开始破灭。顾客对于地产啤酒的新鲜感降低，而且地产啤酒厂家太多，酿酒技术参差不齐。有的小酿酒厂技术不够好，产品口碑不佳。再加上他们遇上了新对手"发泡

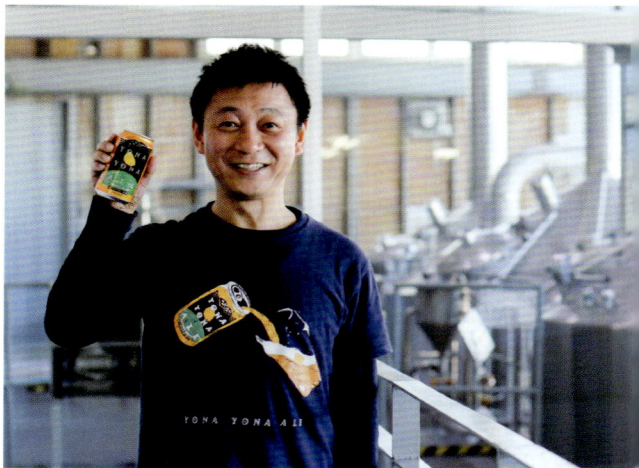

酒"——一种大麦成分低于 70% 的酒精饮料，售价更便宜，不容易醉，广受女性消费者欢迎。反观地产啤酒，价格贵、产量低、保质期短，只能吸引很少的发烧友。

2003 年，地产啤酒热潮冷却，YOHO BREWING 也难以幸免，产品卖不出去，销售额大降，财务赤字也扩大。当时最紧迫的问题是库存，YOHO BREWING 曾和关东的一家连锁便利店合作，为了满足对方及时供货的需求，公司敦促工厂全力生产啤酒，但第一笔订单就出现了差错——卖不掉。剩下的货被退了回来，为了不缴纳高额的啤酒税，员工们只能把罐子扎破，把酒倒光。

2008 年开始接任 YOHO BREWING 社长的井手直行经常向媒体们描述一个场景：当公司连续 8 年赤字时，他向星野佳路哭诉"公司是不是完蛋了"，星野佳路却回答："我们真的把能干的事都做了吗？ 让

我们沿着这条路走下去吧。如果还不起作用，我们就关了公司，好好放松，你去享受你喜欢的钓鱼。"这让他下定决心，再放手干一场。

YOHO BREWING 的转折点是电商。1997 年，一家叫乐天的公司推出了"乐天市场"，这是一个类似淘宝的电商平台，YOHO BREWING 当时是第一批入驻的店家。和大多数地产啤酒厂商不同，YOHO BREWING 从一开始就希望自己不仅是轻井泽景区里的一个"花瓶"，而是能成为销往全日本的啤酒品牌，所以它才会早早尝试电商。不过在那个时间点，电商还太过超前，受众不多，YOHO BREWING 一度停止了电商运营。

2004 年，整理信件时，井手直行意外发现了乐天创始人三木谷浩史当年寄来的信："立足于网络，放眼世界吧！" 井手直行感受到强烈的对比：明明创业时间差不多，但七八年下来，乐天已经成为明星公司，而YOHO BREWING 却陷入生存危机。

井手直行做了个决策：重新进入乐天市场，而且这次是认真的。电商业务起步时的重点是扩大知名度。井手直行曾在轻井泽的一家旅游杂志担任广告销售，一直擅长营销创意。最后，井手直行和团队想出了一个叫"夫妇幸福 50 年套装"的企划——顾客可以支付 450 万日元（约合 25 万元人民币），之后 50 年 YOHO BREWING 会送酒上门，但只限一对幸运夫妇。

说"幸运"是因为，只要计算一下就会发现，这折扣还不小。井手直行经常参加酒友聚会，其中有不少已婚夫妇，他好奇地计算了

一下他们一生中会喝多少啤酒：如果夫妇每人每天喝一罐 YONA YONA ALE，一生会花费约 750 万日元（约合 42 万元人民币）。所以他想到了"三百万日元折扣"这个点子。

因为长达 50 年的订阅和足够吓人的折扣比例，这个企划成了热门话题，成功帮助YOHO BREWING 重新开拓了电商渠道。2005 年，YOHO BREWING 成功实现了创业以来首次盈利，之后销售额逐渐上涨，并在 2008 年拿到乐天颁发的奖项"2007 年度最佳商店"。为了让生产量跟上销量，2014 年，YOHO BREWING 和麒麟啤酒联手，把一部分酿造产能外包给这家啤酒大厂。

值得一提的是，2020 年，麒麟啤酒也推出了"啤酒订阅"的服务，顾客缴纳固定会员费，麒麟定期把啤酒送货上门。

紧接着这一企划，YOHO BREWING 的包装设计也成为它的品牌亮点。每年，"福啤酒""轻井泽高原啤酒"等子品牌都会在特定节假日推出限定产品。它希望通过有吸引力的易拉罐外观，让顾客一眼就认出自己。以 YOHO BREWING 旗下品牌"星期三的猫"为例，它的包装是水蓝色的，上面还画着一只抽象的三色猫，这帮助它向目标受众30 岁左右的都市职业女性——清晰地传达了品牌概念。

如果说定价和包装都还属于是啤酒营销中常见的手法，YOHO BREWING 与其他品牌最大的不同在于与核心用户的紧密关系。简而言之，井手直行很早就意识到了"粉丝经济"的重要性。地产啤酒，或者说精酿啤酒本来就是小众爱好。将爱好者转化成忠

01

02

诚客户，就需要具有说服力的品牌文化。

2013 年起，YOHO BREWING 在乐天之外也开设了独立的网上商店，但比起销售产品，它更像是一本网络杂志，介绍与啤酒相关的一切知识，比如下酒菜的菜谱、和各类啤酒的风味——这些内容都由活跃用户撰写。而在线下，他们先是于 2013 年在东京赤坂开出了一家主打精酿啤酒和农家食物的餐吧 YONA YONA BEER WORKS。截至 2022 年 3 月，已经在东京拥有 8 家分店。

YOHO BREWING 在公司内部专门建立了一个粉丝营销的部门，名叫"YONA YONA ALE FUN × FAN 团"。它的负责人佐藤润

03

04

吸引了 1 万多人观看。

这些活动经验也让 YOHO BREWING 更注重数据的作用。2019 年，佐藤润所在的部门引入了一套结合顾客的品牌热情、活动满意度和顾客推荐率（Net Promoter Score, NPS）的评估体系。"我们电商业务的 VIP 客户，往往在品牌热情和 NPS 两方面得分很高，"佐藤润解释说，"我们能从数据中得知，这些狂热粉丝会买活动门票。现在我们已经能够根据这个公式来预测销售指数。"

面向全国市场、主打线上渠道、吸睛的营销活动、与粉丝一起营造的品牌文化……你很难把如今的 YOHO BREWING 视作一个传统的地产啤酒品牌。星野集团与 YOHO BREWING 这两家公司都脱胎于轻井泽，但目前彼此独立经营。星野集团是 YOHO BREWING 的分销渠道之一，你能在他们某些酒店的客房小冰箱里找到 YOHO BREWING 的产品，也能看到位于东京的 OMO3 赤坂酒店推荐客人去逛餐吧YONA YONA BEER WORKS。

说，公司依照"狂热度"把顾客分成了 5 种：试用、弱复购、复购、粉丝和传道者。试用的都是新客户，主要依靠广告、大众渠道、销售企划了解品牌，而后面 4 个类别是留存客户，也是粉丝基础，他们会关注公司的社交媒体账号，为方便或优惠而网购产品。

自 2010 年以来，YOHO BREWING 每年都会组织名为"宴"的线下爱好者聚会。2018 年，YOHO BREWING 在东京台场举办的"超宴"活动吸引了超过 5000 人参与，疫情之后，他们改在 YouTube 上直播，

接任社长之职后，井手直行在整个公司推行扁平化管理，提拔了更多年轻人，把品牌活动的决策权交给他们，YOHO BREWING 的那些品牌活动大多出自一线员工之手。"啤酒的作用是让人快乐，如果卖啤酒的人不快乐，是做不好这件事的。"井手直行说。Ⓜ

陈紫雨对本文亦有贡献

01—04 YOHO BREWING 与其他啤酒品牌相比最大的特色是营销活动。除了酿酒厂参观见习（01、02）这样的常规手法，它还会每年组织粉丝聚会，名为"超宴"（03），疫情之后，这一聚会仍在线上延续（04）。

@虹夕诺雅 东京 photo／佐佐木谦一

PART 03

**设计如何让酒店
与众不同**

虹夕诺雅为什么
是你眼前的模样？

text／程绚 刘小宇
photo／佐佐木雄一 星野集团

度假村如何确定它的特色？
甲乙方如何商量确定各种方案？
预算如何影响设计？
这里有星野集团与合作设计方的实践经验。

在"虹夕诺雅 轻井泽"，多个独栋建筑错落分布在溪流两旁。photo／星野集团

143

"虹夕诺雅 轻井泽"可能是很多人认识星野集团虹夕诺雅品牌的第一印象。它坐落在东西皆为丘陵环绕的山谷之间，度假村以多个独栋建筑错落有致地分布在溪流的两旁，形成一个"山谷中的村庄"。设计师利用原本有梯度的地形，在客房外营造出动静结合的水景。待天色暗下，归来的野鸟落在枝头，温柔的客房灯把溪流这条轴线点亮，建筑融入风景之中，人的活动也不会打扰到原本的自然生态。

photo／星野集团

photo／星野集团

将建筑配置在土地原本的风貌之中，尊重当地的自然生态以及文化习俗——除了"虹夕诺雅 轻井泽"，这一设计理念还体现在星野的诸多项目中。在"虹夕诺雅 竹富岛"，设计师再现了冲绳地区竹富岛上村落的原始景观：包括带有红瓦屋顶的的木造建筑，以及石墙和白沙路。从外立面看，它就像普通的一间民宅，完全融合在村落之中，然而石墙的还原度甚至让当地人都感到怀念。建筑师东利惠说，因为"建筑一旦建成了，它就会成为那片土地历史的一部分"。在她的理念里，建筑空间的设计，要给予当地的自然和风土文化以充分的敬意。

photo／佐佐木谦一

不谄媚西洋，好好表达日本的地方气质——这是星野又一重要的设计思考。要做"现代的日本旅馆"并不容易，如何理解"传统"？如何与"现代"相平衡？这都是经营者和设计者不得不达成共识的问题。 星野并没有做传统的建筑，而是通过空间设计实现"日本文化的现代化"。坐落在东京商业中心大手町的"虹夕诺雅 东京"，当客人拉开木门，走过长长的玄关，脱去鞋履，赤脚踩在榻榻米上的那一瞬间，就会彻底地放松下来。玄关左侧一整面都是由木制鞋盒构成的墙，用于收纳鞋履或杂物。此外，在星野的室内空间中，京唐纸等日本传统工艺作为设计元素被频繁地采用。星野的设计团队信赖职人的经验和智慧，也希望通过长年的合作，让这些传统工艺得以继续传承下去。

photo／星野集团

作为酒店度假村，所有设计都不能忽视客人的体验。衔接客房私密领域与公共的自然空间，是星野空间设计的又一得意之处。在"虹夕诺雅 巴厘岛"，遵循当地傍水而居的地域特性，30 余个独栋度假屋分布在形如运河的水池周边。当客人走出房间，就像来到公共的运河岸旁。

此外，以"奢华露营"为概念设计的"虹夕诺雅 富士"，客房矗立在面向富士山脚和河口湖的斜坡之上，客房的三分之一是露天阳台，可在多个角度眺望富士山。走到户外的公共空间，在森林间的梯台上伸个懒腰，和朋友们围坐在篝火旁喝茶聊天。通过客房和户外之间暧昧化的界限设计，将客人的体验自然地延展至公共空间，和自然产生更亲密的连接。

虹夕诺雅品牌的首个项目——"虹夕诺雅 轻井泽",在落成的第二年就获得了 Good Design Award(优良设计奖·环境设计领域)。它还以一间"商业度假村酒店"的身份,打破了日本土木学会设计奖仅以"公共空间"为审查对象的审查规则,在 2009 年被授予"审查委员特别奖"。当时的审查员吉村伸一评价道:"在'虹夕诺雅 轻井泽'的现场,我看到了真正以大地景观为基盘的设计力。"

这也是星野集团代表星野佳路、景观设计师长谷川 浩己、建筑设计师东利惠的首次合作。那时,星野集团还没什么名气,星野佳路才 30 多岁,刚接手轻井泽的一间温泉旅馆,只能求助身边的朋友来帮他设计。他找来了大学时的朋友东利惠来负责建筑设计,东利惠又介绍了长谷川浩己来负责整体规划,"虹夕诺雅 轻井泽"也是长谷川浩己接到的第一个度假村项目。此后,这两位设计师与星野集团长期合作,参与了所有虹夕诺雅品牌酒店的规划与设计。

虹夕诺雅系列酒店在实践着"度假"这一概念。踏进大门的兴奋感、逛园子的步移景异、在餐厅吃饭时的环境要素与声音要素、在客房休息时看到的风景,每一处都经过了设计师的精心设计。

和大多数度假酒店不同的是,每一家虹夕诺雅都展现出浓厚的当地特色。它不再是西式度假村的模仿者,而是用设计的力量,将日式旅馆概念融入当地最原始的风景中。

这次,我们采访了一直负责虹夕诺雅项目的景观设计师长谷川浩己,担纲设计"虹夕诺雅 轻井泽""虹夕诺雅 东京""虹夕诺雅 京都"等 8 间酒店的建筑师东利惠,以及星野集团企划开发部门的主管小川政幸,听听他们各自如何从甲乙方角度阐述虹夕诺雅的度假村规划。

01
乙方
景观设计

text / 程绚

Q = 未来预想图（Dream Labo）
H = 长谷川浩己（Hasegawa Hiroki）

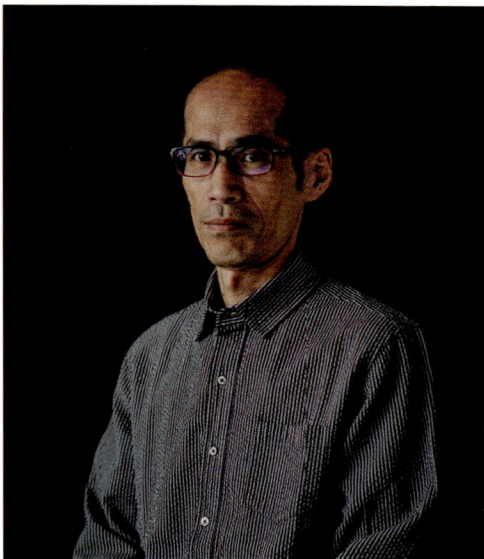

photo / studio on site

长谷川浩己（Hasegawa Hiroki）

景观设计师。studio on site 联合创始人，日本武藏野美术大学特任教授。负责了星野集团旗下"虹夕诺雅 轻井泽""虹夕诺雅 东京"等8间酒店度假村的景观设计。

Q：你觉得星野和其他酒店品牌有什么不同？

H： 我一直只做星野的酒店项目。项目初期，我们和星野佳路去过东南亚、美国、欧洲等国家，考察了安缦等定位相似的酒店。在很多酒店，顾客都只能待在客房或者餐厅里。但星野能很好地融合当地的自然景观，让客人能在酒店的每个地方停留、休息。

星野和设计师的合作方式也是很少见的。他们给设计师的自由度很高，项目的整体理念、建筑位置都是大家一起讨论出来的。我们还参与了虹夕诺雅在竹富岛和冲绳的项目选址，帮他们考察场地是否符合项目定位。一般的城市项目，甲方都会在确定好建筑位置等设计条件之后，再交给设计师。在这些项目中，景观设计能发挥的空间是很小的，做起来也不会那么有趣。

Q：虹夕诺雅的设计理念是如何确定的？

H： 一切都是从零开始讨论出来的。项目启动阶段，我们会花大量时间和建筑师、星野的负责人一起讨论，商量出酒店的整体理念。特别是最早的"虹夕诺雅 轻井泽"项目，星野佳路经常和我们奋战到凌晨。讨论内容不仅限于酒店的规划设计，还包括顾客体验、酒店服务等方面。现在，星野有了专门的部门，各部门分工明确，不会像轻井泽项目那样深入参与到设计里了。

Q：设计前期怎么找到当地的环境特征？海外项目也是一样的方法吗？

H： 设计前期，我们会翻阅相关书籍，调查当地的历史、植物等基础信息。我们在"虹

photo／星野集团

01—02 "虹夕诺雅 轻井泽"坐落在山谷中,所以客人们无法眺望山谷外的景色,看到更多的是设计师在景观上的呈现。设计师将原本在地下排水渠的水可视化,形成了中心湖与错落有致的溪流。酒店建筑则沿岸分布(01)。在酒店大堂后方,溪流形成梯田一样的高低差(02),客人们可以从大堂、餐厅、客房区等多个角度观察到这里的不同景致。

夕诺雅 冲绳"设计的农田,就需要调查当地的气候来选择能存活的植物。同时,我们也会去现场勘探地形,观察场地和周边环境的关系。有经验的设计师看到场地就能感知空间,知道这里可以有哪些体验。我们还会咨询当地的居民和公司,去更深入地了解当地文化。

海外项目也是用一样的方法。"虹夕诺雅 巴厘岛"从前期调查到施工落地,我一共去了大概 15 次,事务所其他员工去的次数更多,每次停留约 4 天。

Q:那么,怎么发挥当地环境特征,将自然

H： 我们的设计前提是不改变场地地形。保留原有植物，再次利用现场的材料也是我们常用的做法。这样既能最大限度发挥场地潜力，又能节约成本。

"虹夕诺雅 轻井泽"坐落在山谷中，谷内伫立着百年的大树，拥有明治时代（1868—1912年）用于水力发电的水源。人走进山谷就能感受到被自然包围的幽静感，但凹陷的地形也导致这里无法眺望山外的景色。

于是，我们决定利用原有自然资源丰富内部风景。我们将原本在地下排水渠的水可视化，建成了被群山包围的中心湖，再将建筑沿湖畔而建。在规划建筑位置时，尽量避开现有大树，保持了原有的自然风景。这样不仅能让游客完全沉浸在山谷的幽静中，还能省去从外部引水、买树的费用。

然而"虹夕诺雅 富士"的自然条件就没那么好了。场地本身只是一片杂乱的树林，身在林中也完全看不到富士山。但如果把这里的树全部砍掉，重新造一个酒店，就会失去场地本身的特征。最终我们还是决定保留现有树木，但如何让这杂树林变成大家都爱去的度假酒店，成为了下一个难点。经过和星野的讨论，我们在林中架起了大面积的木平台，让树干从平台中间穿过。这样一来，人们就能自由地在林间穿梭，在平台上练瑜伽、看书、喝咖啡。

Q：

photo／佐佐木谦一

01   photo／星野集团

02   photo／星野集团

03   photo／星野集团

04   photo／星野集团

传统手工职人合作的？

H：我们和京都的庭园职人们一起完成了这次设计。他们都来自植弥加藤造园株式会社——一家已创立 170 多年的造园公司。我们出设计方案，他们负责提供技术支持，完成现场施工。作为深耕于日本庭园的专家们，他们更加熟悉传统的造园手法，懂得如何选择施工材料。日本庭园里有用石头排列组成的园路，这种园路里用的石头的种类、形状、排列组合方式都是很有讲究的，而这些细节很难通过图纸来表达。这种情况下，我们就会直接去到现场，根据现场的石头样式，和庭园职人们一起确定最终的摆放方式。

Q：预算也会影响设计。你们在设计过程中如何决定预算的分配呢？

H：星野集团会给我们一份总的预算表。完成设计方案之后，我们会根据他们的需求调整设计，选择施工材料来具体分配预算。星野会比较看中材料的耐久性和后期管理的难易度。

Q：在海外项目中有和当地的设计公司合作吗？合作过程中有遇到什么困难吗？

H：我们在设计巴厘岛和台湾的虹夕诺雅

时，和当地的设计、施工公司合作过。一般的合作模式是我们出设计方案，海外公司画符合当地标准的施工图。无论是设计还是施工，不同国家和地区之间都有着很大的差别，所以我们一直在磨合。在巴厘岛项目中，我们遭遇了很多意想不到的情况。当地公司施工流程不规范、突然的人事变动等问题，导致酒店没有达到理想的建成效果。

Q: 在设计过程中，有过和星野集团意见不合的时候吗？

H: 双方对项目定位和设计理念达成共识之后，一般不会有太大的分歧，但小的摩擦还是有的。客房数量常常是我们争论的焦点。星野作为酒店方需要盈利，想要建大量的客房；我们作为景观方，认为建过多的房间会破坏场地的自然魅力，无法吸引更多的客人。我们会给星野提供不同房间数量的模型和效果图，让他们来评估不同的景观效果带来的收益，以决定最终的房间数量。

01—04 "虹夕诺雅 富士"在搭建平台的同时保留了树林，人们可以在这里休息，甚至可以燃起篝火（01）。竹富岛虽然是岛屿，但"虹夕诺雅 竹富岛"酒店区域并没有面朝大海。设计师决定将公共泳池设在凹陷地形的底部（02）。到了夜晚，客人可以在水中享受完全被星空包裹的感觉。"虹夕诺雅 巴厘岛"有一大片断崖，设计师借助了现有断崖，在崖上支起来了几栋浮在山间的凉亭 Cafe Gazebo（03）。这也是眺望山谷的最佳观景点。在设计"虹夕诺雅 京都"时，设计师与庭师共同完成了"内之庭院"，以熏瓦与白石化作砂纹，既有枯山水风情的同时，人们也可以自由踏入（04）。

02
乙方
建筑与室内设计

text／刘小宇

Q = 未来预想图（Dream Labo）
A = 东利惠（Azuma Rie）

Q: 真正参与到星野的项目设计，起初是以怎样的形式合作的？中间是如何磨合的？

A: 这个项目是由我们东环境建筑事务所、星野集团，还有负责景观设计的 studio on site 三方公司组成的。起初我们经历了很多试错，"虹夕诺雅 轻井泽"项目前前后后花了将近十年的时间。经过三方公司的讨论，也是在"虹夕诺雅 轻井泽"的项目做到后半程，方向才稳定下来。

最初真的经常发生争执。但随着时间的推移，三方都开始慢慢知道彼此在想什么。因为我们是在建筑的专业领域，换句话说，对有吸引力的设计有强烈的偏好。但星野先生从我们专业之外的世界里带来了很多有关运营与公关的新鲜视角。很多时候正因为有意见上的摩擦，才能变成有意义的讨论。

当初在设计"虹夕诺雅 轻井泽"的时候，星野先生偶尔会来我们事务所开会。来我们建筑所实习的小朋友还说："原来建筑师得会与业主吵架才行啊！"但实际我们并没有要吵架的意思，也并不是情绪化的争执，只是大家把不同的意见放在一起讨论，自然声量就高了起来。

photo / 东环境建筑事务所

东利惠（Azuma Rie）

建筑师，东环境建筑事务所主理人。负责了星野集团旗下"虹夕诺雅 轻井泽""虹夕诺雅 东京"等 8 间酒店度假村的建筑空间及室内设计。

Q：所以每个项目的设计理念都是三方公司共同协商决定的吗？

A：是的。基本上一旦有不错的土地被放出，我们三个就会实际去现场看一看。去看土地的状况和周边的环境，来判断那里究竟适不适合虹夕诺雅，并在现场考察的同时探讨设施概念的方向性。

Q：具体是怎么协商和推进设计流程的呢？

A：一般日本酒店常见的设计方法是，出资方事先决定酒店的规模和方向等，然后找第三方的设计师介入去实现。但我们的做法非常不同，我们三方会一起先去往现场，实际看和感受当地的风土，然后大家一起讨论推进，并不是由出资方或运营方单方面决定。我们有设计的专业知识，星野先生有他的商业策略，大家在沟通中彼此互补，这样我们的想法才能得以落地成实际的建筑，星野先生也知道该如何在设计基础上发挥运营的魅力。

Q：实际去现场看的时候，会重点看哪些东西，做哪些判断？

A：一是当地风土特色，当然有时也会看了以后觉得这些特色不适合（表现）。但还有一种情况是，很多打眼一看条件并不那么好的地方，比如现场施工会很辛苦，一般人会直接打退堂鼓，但我们会考虑这个地方长期的潜力。

比如"虹夕诺雅 京都"，实际施工时存在太多难处。因为那个地方本身在水边，道路又狭窄，能够通行的车辆受限，做什么工程都很别扭，只能靠小船或者小型车辆接驳到酒店，但我们最终把"用船迎接客人"变成了一个有吸引力的要素；还有"虹夕诺雅 冲绳"，包括目前的 BANTA CAFE 在内，那里本身就是一片长达一公里的狭长土地。当时在别的区域也有别的选择，但细想这种狭长地貌也是特别之处。作为设计团队，我们有想试一试的野心。

Q：那会在现场看的时候就做判断吗？

A：三方在现场会讨论，在那之后，大家还会回到会议室反复讨论，然后作出决定。

Q: 星野方来参与整个讨论和决策的大概有哪些角色？

A: 主要是星野先生和企划开发部的人。现在各个设施也有分散的负责人，偶尔也会和他们一起讨论。我们主要是负责酒店设施的建筑与内部环境、家具设计，然后企划开发部门的负责人会听取实际运营的人的意见，再结合运营方在服务领域的建议，把我们的想法结合起来。当然和企划开发部的人也有怎么都意见相左的时候，这种时候就要星野代表出场来把握平衡了。有趣的是，星野先生从来不只从一个视点来看，他会自己主动站在各方的立场上看问题。

Q: 参与讨论和决策的人越多，会不会导致最终大家意见没法统一？

A: 星野佳路先生身边的人，应该都喜欢和代表"找茬"讨论。当然，没有根据的讨论争吵是没有意义的，但对和星野集团一起工作的人来说，持有自己的意见应该很重要。企划开发部门的人，基本都在星野工作

通往"虹夕诺雅 京都"的道路狭窄，只容得下小车通行。但酒店靠近大堰河，所以只要天气允许，客人们都可以选择乘坐接驳船进入酒店。随着名胜渡月桥在身后越来越远，人们也能感受到从都市到自然的气氛转换。"用船迎接客人"也成为"虹夕诺雅 京都"颇具吸引力的服务之一。

photo／星野集团

157

01—02 "虹夕诺雅 冲绳"沿着狭长海岸线而建（01）。馆内有 100 间面海客房，各自景观不同（02）。

photo／星野集团

photo／星野集团

了很久，积累了很多经验，比我们想的要更柔软、更懂得融通。

还有一点，星野先生不会谈太多关于收益率的话题。我觉得他并不在乎短期利益。他看得更远，希望虹夕诺雅品牌能长久持续地发展，让客人也能持续光顾。

Q：那么，在选址和推进设计之前，具体会重点考虑什么呢？

A：有一点有趣的是，虹夕诺雅各个项目里，"虹夕诺雅 东京"容积率与高度都低于周围建筑物，但仍然在努力实现与周围建筑不同的个性。本身"虹夕诺雅 轻井泽"从法律上来说，是可以在目前大家看到的体量之上再建一些房间的，但我们并不在意建筑面积、容积率这些。为了让顾客能持续长久地光顾酒店，并不在于多造房间，而在于在发挥最大土地魅力的前提下，给客人提供他们愿意回头的体验。

Q：你十分重视"文脉中的建筑（contextualism in architecture）"这个设计理念。在和星野合作的过程中，你具体是如何结合当地风土/文化来构建设计理念的？

A：人们旅行最初的契机就是去往那片土地。建筑也是一样，一旦在那里建成了，就变成了那片土地历史的一部分。所以建筑并不应该去破坏原来土地的风土文化。但当我们在说文化的时候，并非指的是做一些传统古旧的东西。

Q：能具体举个例子吗？

A："虹夕诺雅 竹富岛"所在的竹富岛，有 3 个主要的集落，这些集落被登记为日本传统建筑群的重要保护区。当时我们在设计的时候，决定按照这里原有的建筑原型建造。建成后从外面看，它就是这个集落里的又一栋建筑而已，但当客人进来后，焕然一新的度假村会在眼前展开。我们还在大屋顶下方设计了通风的开放空间。

Q：同样是保留传统，"虹夕诺雅 京都"的改造项目又是怎么做的？

A：保留传统不是保留古旧，比如很多已经不符合现代生活方式的东西需要被改掉。我们在京都改造的是一个已有上百年历史的老旅馆。以前老旅馆的卫生间都是公用的，这显然已经在今日不适用。所以我们为房间重新分区，安装水系统。另外，在原本都是和室的房间里摆上床会有很强的违和感，于是我们只保留设计了一间典型的和室，其他都改装成了可以放床的空间。本来建筑里靠窗户的所有障子*也重新更换，在襖**上贴上了京唐纸。

Q：你之前也提到改造这个老旅馆有很大的难度，那么为什么还要选择改造而不是重建？

A：没有理由去破坏掉一个有历史和生命的建筑物。它虽然在以前也只是一个普通的

---

*障子: 日式房间中起到隔断作用的拉门, 有的障子既有木框也有木格, 有的幛子只有木框没有木格。

**襖（ふすま）: 在木质框架两面糊上纸或者布制作而成的横拉门, 没有木格, 属于障子的一种。

01   photo／佐佐木谦一

木造家屋，但留到今天，它就变成了很贵重的东西。但什么是有价值的古旧的东西？需要着手改造到什么程度？这都需要高超技术，很多事我们也未必了解，所以实际上，我们会去咨询听取木造建筑职人（'大工'）负责人的意见。这些有经验的职人的意见非常宝贵。

Q：你当初第一次去最初的旧旅馆的时候，是什么感受？

A：先是被它那种与世隔绝的气场所感染了。那边已经是没什么人踏入的区域，唇边

只有山河水。只能乘船抵达这一点也是很吸引人的吧。

Q：无论是"虹夕诺雅 轻井泽"还是"虹夕诺雅 京都"，都既能看到日本传统建筑的影子，又有很明显的现代度假村特征，在设计时，如何把握这两个因素的平衡？

A：起初和星野先生第一次合作，他就说不要太执着于西洋的东西。但我们也没有理解成"日本传统的建筑"。在如今这个时代，只是复制传统建筑是没有意义的，即便被称为"传统"，在当年也可能是"革新"，我

01—02 在"虹夕诺雅 京都"的"月桥"房，和室空间里摆放着"榻榻米沙发"，既保留了传统正坐时的视线的和室风景，也方便人们伸开腿放松（01）；卧室则采用洋式床铺设计（02）。

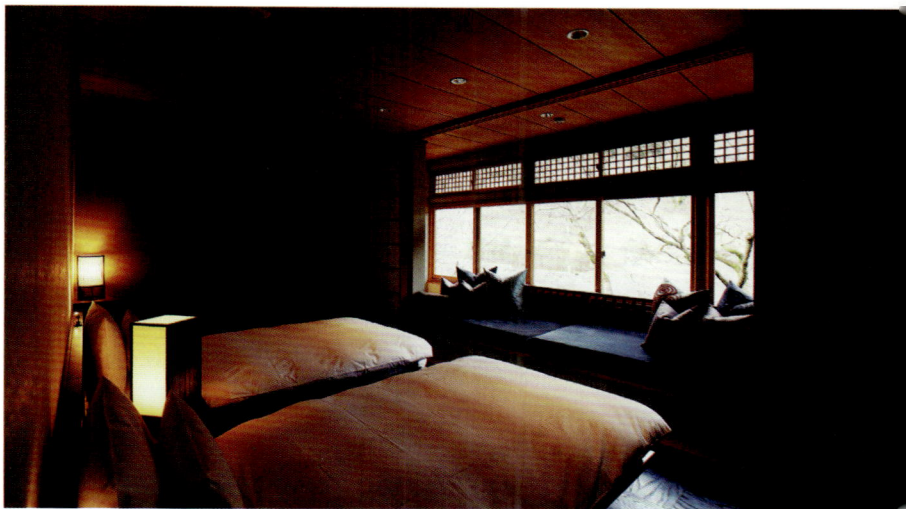

02   photo／佐佐木谦一

觉得要去重视它根本性的东西，在此基础上再置于如今的时代里考量。打个比方，中国的建筑都是先有中轴线，然后向四周扩散。而日本不同，日本建筑有一个在配置上的特征是"雁行型"，建筑前后逐栋稍微错开。通过巧妙的排列，最初虽然无法看见全貌，却可以让人在有限的空间里感受到无限延展的感觉。还有，日本有"奥"（oku，意为里面）的概念。日本人在说"里面"的时候，说的并不是物理的深度，这很难用语言解释。日本人会把茶室、供奉神的地方都放在最里面。到"虹夕诺雅 轻井泽"就能感受到这一点，越向里面走，越有新发现。

Q："**虹夕诺雅 东京**"**是虹夕诺雅第一次进驻城市内部，比起其他项目，环境和条件应该有很多局限，你是怎么在建筑和室内设计层面演绎这种**"**非日常性**"**的？**

A："虹夕诺雅 东京"的设计概念非常简单——在东京的 CBD 区域体验塔形结构的日本旅馆。一层 6 个房间，都带一个茶室，就像是一座由很多层小型旅馆叠起来的塔一样。但整个建筑是一个半私人空间，人们需要在玄关脱鞋，再进入里面铺上榻榻米的空间。当客人打开房门去往走廊的时候，房门不会自动带上，这样客人在客房和茶室之间可以自由走动。现在"虹夕诺雅 东京"每一层由 6 间房与茶室构成的感觉，很像我小时候在京都住的那种小型旅馆，介于住宅和旅馆之间的感觉。

Q：我们注意到，"**虹夕诺雅 东京**"**的玄关很长，这个设计有什么用意吗？**

A：从东京的金融商业中心大手町，去到楼上的虹夕诺雅日本旅馆，这在心情上是一个

161

01   photo／星野集团

02   photo／星野集团

很大的转变。我们设计这个玄关是希望客人可以有转换心情的时间。当客人走过玄关，把鞋子脱掉，脚踩在榻榻米上的那一刻，才进入真正的放松状态。

Q：有意思。玄关处的这面墙看起来也很特别，这背后有什么故事吗？

A：考虑到玄关的一大用途是脱去鞋子，我们就在此处设计了一面由木制鞋盒构成的墙。我们和负责家具设计和制造的"Hinoki 工艺"有长年的交情。这个设计也是和"Hinoki 工艺"的户泽先生一起完成的。

有意思的是，这面墙的背后是建筑的玻璃

photo／星野集团

photo／星野集团

01—04 在"虹夕诺雅 京都",人们可以同时体会到日本传统建筑与现代度假村的特征：进入大堂之前，公共和室和餐厅会首先进入你的视线（01）；在酒店大堂深处，面向大堰河一侧有一个空中茶室，采取木质甲板式设计，宛如探出于河面之上（02）；回到庭院通道向里走，经过铺有不同图案的石径，一间间客房蜿蜒延伸到深处（04）。在"虹夕诺雅 轻井泽"，除了度假村整体建筑的排列，收缩一些视角，也可以从客房的排列上感受到建筑前后逐栋稍微错开的"雁行型"设计（03）。

外墙，这种玻璃外墙一般日本人会一年清扫一次，但我们做成了随时可以清扫的样式。如果要便于人进去打扫，这面墙和玻璃外立面之间至少要有一定的缝隙，而我们当时就想了别的方案——让每个鞋盒可以移动。于是我们和户泽先生一起设计了现在你们看到的样子，每一个鞋盒可以单独抽出来，方便大家打扫。

Q：如果有机会继续合作下一个星野的项目，你有什么想要挑战的吗？

A：星野的每一个项目对我来说都是未知的挑战。直到真正去到选址的那个地方，我都会保持这种期待和激动的心情。

01　　photo／星野集团

01—03　"虹夕诺雅 东京"位于东京 CBD 区域，建筑正是一个塔楼的形状（01）。外观设计采用"麻之叶"纹样的江户小纹*为基本图案。每一层都会有 6 间客房与 1 间茶室"OCHANOMA Lounge"（02）。在客房"菊"，透过日光，窗外江户小纹的花纹清晰映出剪影（03）。

*江户小纹：江户时代，由于禁止穿着华丽的服饰，和服布料和颜色也必须由幕府指定，大名不能穿着有颜色和花样的和服。于是出现了乍看起来犹如素色实则有碎花点的图案，各个藩都自己独特的花样图案以示区别。江户小纹虽然颜色单一，但花样却非常丰富。

02　　photo／佐佐木谦一

03　　photo／佐佐木谦一

03
甲方
度假村所有方与运营方

text / 程绚

Q = 未来预想图（Dream Labo）
O = 小川政幸（Ogawa Masayuki）

photo / 佐佐木谦一

小川政幸（Ogawa Masayuki）

星野集团企划开发部门主管。2005 年加入星野集团。曾参与星野集团旗下酒店和旅馆的现场运营工作，2011 年成为星野 Community Zone 总支配人。进入企划开发部门以后，担任过"虹夕诺雅 冲绳""界阿尔卑斯"等项目的项目经理。

Q：虹夕诺雅在选址时会考虑哪些要素？

O：虹夕诺雅是能够代表星野集团的品牌，所以我们一直在坚持创新。选址的时候，我们最看重这里和以前的虹夕诺雅相比，有什么不同的地方，是否能创造出一个全新的虹夕诺雅。

场地的自然环境是需要考虑的一大要素，但并不是唯一要素。"虹夕诺雅 东京"位于东京市中心，这里没有丰富的自然环境。但如果能在日本最国际化的商务区里建一个温泉旅馆，这对整个业界来说都是一个创新和突破。

在冲绳我们有两家虹夕诺雅，一家在竹富岛，一家在冲绳本岛。虽然竹富岛是一座小岛，但在岛民的保护下，这里保留了旧时冲绳的风景。即使是冲绳本地人来到这里，都会感叹"这才是真正的冲绳"。所以我们决定在这里建冲绳第一家虹夕诺雅，让顾客能体验最地道的冲绳生活。

但竹富岛交通确实不太方便，顾客们更期待在交通方便的冲绳本岛的星野设施里投宿，最终我们决定在冲绳本岛再建一家虹夕诺雅。那里有很多酒店，竞争非常激烈。我在谷歌地图上一直沿着西海岸线搜索，也去了好几处地方。最终，我们选择了这片正对大海，能看海边落日的绝佳之处。

Q：星野把项目委托给设计师之前，是否已有一个清晰的定位和总体构想？

O：以"虹夕诺雅 冲绳"为例，在冲绳本岛

01　　　　　　　　　　　　　　　　　　　　　　　　　photo／星野集团

02　　　　　　　　　　　　　　　　　　　　　　　　　photo／星野集团

01 "虹夕诺雅 冲绳"的主题是"留在'御城墙'（Gusuku）里的住宅"，"御城墙"是琉球时代所建的城堡的城墙。
为突出主题，设计师在酒店四周建起了沿海岸线蜿蜒耸立的"御城墙"。
02 "虹夕诺雅 冲绳"公共空间里设置了全年开放的面海泳池，冬天它会成为一个温泉泳池。

有很多外资度假酒店，我们的定位是要区别于它们，做冲绳独有的东西。在拿到土地之前，我们就会提前告知设计师。拿到土地后，部门内部会讨论出大致的建设计划和功能分区，但还是会交给设计师来提案。这次，我们暂定了南边为酒店的建设基地。但两位设计师去到现场后，都觉得应该建在北边。最终我们还是听取了他们的意见，将酒店建在了北边。位置决定之后，我们一起讨论了酒店的主题，选择了冲绳的代表文化——琉球文化为主题，创造一个有文化特色的虹夕诺雅。

Q：星野是怎么和设计师合作推进项目的呢？

O： 我们部门做项目企划，之后交给设计公司设计。一般甲乙双方合作，乙方都会一味地满足甲方的需求，但星野不是这样的。我们尽量和设计师保持一个对等的关系，只会互相探讨，不会强制要求他们按照我们的想法做设计。第一次和我们合作的设计师都会对这种方式有点陌生。

在做温泉旅馆"界"的时候，我们只会告诉设计师，哪些东西对一家温泉旅馆来说是必不可少的。旅馆内部怎么布局、怎么呈现，都是他们先设计，然后大家一起指着模型讨论出来的。设计师都会从项目的一开始就参与进来，从项目整体理念到建筑布局，再深入到细节设计。

酒店建成之后，星野的运营部门会负责运营。所以在规划前期，我们也会咨询运营部门的意见，将其传达给设计师，讨论体验活动的落地性。当运营部门提出需要"亲子做饭"的活动时，我们就会考虑在这里设计一个小厨房，如果需要做瑜伽的话，就设计一个收纳瑜伽毯的仓库等。

Q：如果设计师提出的方案不能满足酒店预期收益时，星野如何找到平衡点，做出决定？

O： 打个比方，我们原计划要 10 间房，每晚定价 5 万日元（约合 2770 元人民币）。但长谷川浩己为了营造更好的景观，只规划了 5 间房。那我们就会思考，牺牲 5 间房创造出来的风景，是否能让每晚的定价翻倍。如果可以，那我们就会做出让步。一味地让设计师满足我们的想法，只会束缚他们的设计。所以我们会尽量尊重他们的意见。好的设计，自然也会让顾客花更多的钱来入住。

Q：星野如何决定项目的预算？

O： 我们部门会制作项目的预算表。星野想做的不是只火一两年的酒店，而是二三十年后还有竞争力的酒店。所以我们会思考与之相匹配的预算。花钱是否能增加酒店的吸引力，从而提高定价获得盈利，是我们决定预算的标准。

以"虹夕诺雅 冲绳"为例，我们花了大价钱在室外建了一个冬天也能游的泳池。这个泳池在冬天能加热到 40 摄氏度，相当于一个大的温泉池。这是一个很大的卖点，如果足够吸引人，即使超了预算，我们也会把方案执行下去。我们害怕的是，为了满足预算去建一些不够好的东西，会影响未来几十年的营业额。与其这样，不如一开始就花更多的钱，建一个拥有长期竞争力的酒店。🅜

温泉街的绝地重生

text／刘小宇　photo／星野集团 佐佐木谦一

谁会想到，在"界 长门"入驻之前，这条温泉街只是一片无人问津的废墟呢？对星野集团来说，这轮改造不只是开一间旅馆这么简单，它还带动着整个温泉街的重生。

星野集团接手了长门温泉街的"再生"计划，它重新规划游览动线，让游客们重拾在温泉街散步的乐趣（02）。"界 长门"也是温泉街上的温泉旅馆之一，主题参照了江户时代藩主们在前往江户参勤交代*途中休息住宿时使用的一种叫"本阵"的茶屋建筑样式，暖帘左侧的是销售铜锣烧的"Akebono Cafe"外卖甜品店（01）。

*参勤交代：日本江户时代一种制度。各藩大名需要前往江户替幕府将军执行政务一段时间，然后返回自己的领土执行政务。

01

photo／星野集团

02

从位于日本本岛西北侧的山口市驱车大约50 公里，你会看到一条名为音信川的河川从山涧流过。在音信川的两旁，坐落着至今已有 600 年历史的长门汤本温泉街。2020 年 3 月，星野集团旗下的温泉旅馆品牌"界"的第 16 间门店在此开业。

揭开暖帘，像是走入了江户时代的武士家宅邸。从旅馆的公共空间到客房，随处可见萩烧、德地和纸、大内漆器等山口县的传统工艺元素。如果在室内待腻了，可以去"Akebono Cafe"买一个铜锣烧，炎夏在音信川的河畔纳凉，冬日走到当地的老铺温泉泡个汤。星野集团第一次将客人的体验延伸到了整条温泉街。

但谁会想到，在"界 长门"入驻之前，这条温泉街只是一片无人问津的废墟呢？对星野集团来说，这不只是开了一间旅馆这么简单。

20 世纪 80 年代正值日本经济高度发展期，旅游需求急速上涨。在长门汤本温泉街上，很多大型旅馆拔地而起，整条温泉街的年住宿客流曾高达 40 多万人。泡沫经济时代过去之后，这些大型旅馆相继倒闭，很多建筑物都被闲置或拆毁，这里早已失去了往日的热闹。

2014 年，长门汤本温泉街的年住宿客流已减至 20 万人左右，几乎是顶峰时期的一半。在日本《观光经济新闻》公布的"全国温泉街排名"里，长门汤本温泉已从 1999 年的 23 名落到了 2015 年的 86 名。

白木屋 Ground Hotel 是一家有 150 年历史的旅馆，但它负债 22 亿日元（约合 1.2 亿元人民币），并在 2014 年正式宣布破产。当时长门市市长大西仓雄决定用市的名义买下这间旅馆所在的土地，拆掉建筑后再开发利用。这块土地一共有 1.3 万平方米，大概有两个足球场那么大。

至于具体的土地开发方案，市里一直没有下定论。大西仓雄意识到，没有企业的入驻，只靠政府，很难推动项目。而在众多企业中，旅馆是他的首选。

长门市的产业以农业、林业、渔业等第一产业为主。大西仓雄认为，如果开旅馆，当地就能直接给旅馆提供食物原材料。同时，还

可以向到访者输出自己的品牌，获取更多订单，甚至吸引年轻人来工作，从而带动整个长门市的经济发展。

而以发挥当地特色为特长的温泉旅馆品牌"界"，恰恰能满足长门市的需求。于是，大西仓雄找到了星野集团代表星野佳路，希望星野能在长门汤本温泉街上开一家"界"。

接到邀请的星野佳路并不愿意接手这块"烫手山芋"。"我去过现场，当时的心情就是'难'。因为整条温泉街又旧又萧条，还残留着很重的昭和气氛，绝对不是年轻女性或者情侣想去的地方。"星野集团企划开发部项目负责人石井芳明告诉未来预想图。

长门汤本温泉街距离最近的新干线新山口站有 60 分钟车程。从位于关西的大阪开车过去，更是要花 6 个多小时。即使坐最快的新干线，从东京过去也需要 3 ~ 4 个小时。

温泉街改造后，在音信川和大宁寺川两条河流上，点状分布着几处川床纳凉平台（Kawadoko Terrace）。有时会公开开放供游人自由休憩，有时则由不同店铺征用，各自提供有特色的服务。

photo／星野集团

长门温泉街开发计划

source／星野集团

图中只有橙色部分是长门市买下的土地，中间的部分征用了居民的私有地。私有地的所有者正好也是在当地经营旅馆的人，他们都希望温泉街能再次复活。在星野集团的沟通和交涉下，居民最终将自己的土地卖给了长门市。

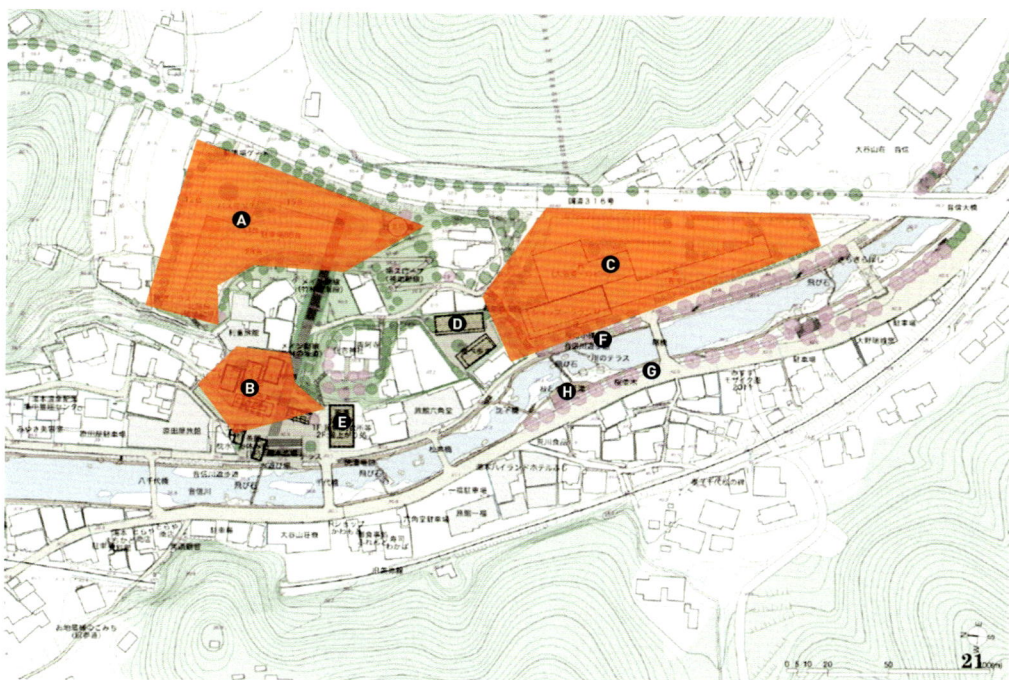

A　停车场区域

B　陶艺工作室与画廊、游客中心区域

C　"界 长门"酒店区域（大堂、温泉、客房、lounge、商店等）

D　礼汤温泉（原址）

E　恩汤温泉（改造）

F　音信川散步道

G　樱花树林

H　Otozure 足汤温泉

整条温泉街经济不景气，加上交通不便，即使新建一个"界"，也极有可能是一桩赔本买卖。星野佳路拒绝了大西仓雄。

但星野集团也并非完全没有兴趣。石井芳明做过城市规划，这让他的视角有点不一样："如果不限于建一家'界'，而是改造整条温泉街的话，这个项目还是有潜力的。"大西仓雄表示愿意接受星野的提案，最终两方签署了温泉街规划协议，由星野提出整体规划方案。

星野佳路的目标是将长门汤本温泉从日本"全国温泉街排名"的第 86 名提升到第 10 名。经过长达半年的规划后,整体方案才大致成形。

"漫步"是这次方案的主要概念。"我们想重新找回在温泉街散步的乐趣。"石井芳明告诉未来预想图。将游客从室内引到室外,盘活整条温泉街才是他们的目的。

如何让外部空间变得好"逛",星野集团对温泉街做了一系列改造。他们将停车场设在了改造区域的最边缘,让游客下车后能慢慢"逛"进温泉街。这条路上有两处拥有悠久历史的公共温泉——"礼汤"和"恩汤",都围着住吉神社而建。星野集团决定将恰好挡在路中间的"礼汤"移走,改造离河川更近的"恩汤",增设广场盘活这片公共空间。

另一边,河床的改造也是项目的重点。他们在河里摆上了过河的石墩,装上了纳凉平台,设置了可以泡脚的"足汤"温泉。人们可以泡着足汤喝茶聊天,让孩子在水里嬉笑打闹。

星野佳路带着方案去了两次现场,举办了项目说明会和意见交换会,向 200 多名居民讲述了方案的内容。

但事情进展得并不顺利。转移"礼汤"的规划遭到了当地人的强烈反对:他们视"礼汤"为神来之水,传说是当年住吉神社的神仙为了感谢大宁寺住持赠与袈裟而造,不能轻易移动。但如果不移"礼汤",游客就会被堵在停车场前,接下来的一系列规划也无

01   photo／星野集团

02   photo／星野集团

photo／佐佐木谦一

石井芳明（Ishii Yoshiaki）

星野集团企划开发部项目经理石井芳明提出了带有城市规划感的视角:不限于只建一家"界",而是尝试改造整条温泉街。

星野集团改造了离河川更近的"恩汤"（01,改造前）。改造后,这里不仅是一处温泉,室外还建了一个带公共休息区的广场,人们可以一直散步走到河边（02）。"礼汤"的改建颇有争议（03,改造前）,当地居民最终同意,在旧址设立纪念碑（04）,之后,为延续温泉街吸引力,另寻新址建设一处露天温泉。

从着手了。

正好，一位名叫岩田啓靖的关键人物也参加了会议，他是当地有 600 年历史的大宁寺的现任住持，很受当地人尊敬。这位住持认为，迁移的目的地还是离住吉神社很近，如今也无法断定礼汤是否以前就在如今的位置，所以方案不成问题。当地居民在他的劝说下，为了整条温泉街的振兴，也慢慢接受了这个方案。"目前'礼汤'已从原址移除，新的地点也正在慢慢建设中。"石井芳明告诉未来预想图。

在收集了几轮居民意见后，星野佳路向大

西仓雄交出了一份满意的答卷。2016 年 8 月，长门市完全采纳了星野集团的提案，发布了《长门汤本温泉街观光计划》。

这也是星野第一次主导一个城市规划的项目，谁也不知道如何将项目落地。"只有政府和企业两个角色是不够的，我们虽然懂酒店经营，但并不是城市规划的专家。"石井芳明摇头道。

他开始去寻找适合来参加此次项目的人。在拜访了多个专家后，石井芳明遇到了 Heartbeat Plan 的老板泉英明。Heartbeat Plan 是大阪的一家城市设计事务所，主要业务涉及公共空间更新、运营，以及社区营造等领域。

拥有丰富经验和各类资源的泉英明成了整个规划的总指挥。由他牵头，集结了建筑、景观等各方面专家，以及当地的有志青年，和长门市的负责人一起组成了"设计会议"小组。项目启动后的两年半里，小组一起开了约 33 次"设计会议"，决定了具体的规划细节。

另一边，星野佳路和大西仓雄以及当地的各负责人组成了"推进会议"小组。小组召开了 9 次"推进会议"，敲定了项目各个阶段的重要决策。石井芳明作为星野方的项目负责人，则成了连接"推进会议"和"设计会议"的中间人，保证了项目的顺利进行。

"礼汤"确定迁移后，场地内仅剩的一处历史公共温泉——"恩汤"成为项目重点。泉英明在"设计会议"中分享了日本各类案例，最终决定募集民间企业来重新建设和经营"恩汤"。

01 photo / 星野集团

02 photo / 星野集团

03 photo / 星野集团

04 photo / 星野集团

这个提议得到了"设计会议"成员伊藤就一和大谷和弘的附和。他们是当地老旅馆的两位年轻继承者。2017 年 11 月，两位成立了长门汤守株式会社，毛遂自荐接手了"恩汤"。2020 年 3 月，翻新后的"恩汤"正式开业。

在接手"恩汤"之前，两人就已经在推动温泉街的观光振兴了。为了利用温泉街的空置建筑，他们找来了萩烧的年轻陶艺家田原崇雄和坂仓正弘等 4 名成员，一起成立了一家名为"音信 Planing"的空间运营公司。2017 年 8 月，由音信Planing 改造兼运营的第一个空置建筑——咖啡店"cafe＆pottery 音"正式开业。田原崇雄和坂仓正弘在咖啡店内展示和销售萩烧等陶器，这也是长门汤本温泉街上第一家卖萩烧瓷器的地方。萩烧是于山口县萩市烧制的一种陶器，在日本颇有名气。

"我们一直想在温泉街上开一家咖啡店。但因为人才缺失和预算不足，导致这个愿望一直没能实现。这次因为星野集团的到来，我在'设计会议'上感受到了大家的满腔热情，才下定决心开了这家咖啡店。"伊藤就一兴奋地表示。

05

06

"界 长门"也在融入温泉街。这里设置了第一家对非旅馆客人开放的设施——"Akebono Cafe"外卖甜品店（03）。任何人都可以在Akebono Cafe 捎上一杯咖啡、一个铜锣烧，去河边走走。客房里，使用了当地的德地和纸、萩烧陶器等多种工艺品（01）。身为温泉酒店，自然对住宿客人开放的公共温泉浴场（02）。酒店餐食里包括体现当地食材特色的会席料理，图为秋冬季节的"河豚与牛肉源平锅"（04）。

当地老旅馆的两位年轻继承者和4名陶艺家一起成立了一家名为"音信 Planing"的空间运营公司，改造、运营了一个空置建筑（05），取名"cafe&pottery 音"咖啡店。店内展示和销售陶艺家们创作的萩烧等陶器（06）。

"设计会议"的总指挥泉英明也没闲着。他买下了温泉街几处古民家，打算用来做共享住宅。第一家已于 2019 年 12 月正式开业。另一位"设计会议"成员——照明设计师长町志穗也在长门市成立了新公司，在温泉街上开起了带有旅游导览功能的特产店。

另一边，"界 长门"也已完全融入了温泉街。这里设置了第一家对非旅馆客人开放的设施——"Akebono Cafe"外卖甜品店。来温泉街的人即使不入住"界 长门"，也可以在Akebono Cafe 捎上一杯咖啡、一个铜锣烧，去河边走走。

星野集团派过去的总负责人会一直驻扎在店里，负责酒店管理和当地的活动企划。他们找到坂仓正弘、田原孝雄等陶艺家，定制了放在客房里的萩烧作品。"一个作品要来回确认、打磨很多次，才会有现在的成品。"石井芳明回忆道。

"界 长门"和当地的合作还不止于此。他们邀请了山口县传统工艺品——赤间砚的职人和游客一起制作砚台，举办了河边赏夜樱的活动，用当地的特色原材料做成了酒店的料理。大西仓雄的设想正在实现。

2021 年 12 月，《观光经济新闻》公布的最新日本"全国温泉街排名"中，长门汤本温泉已从 2015 年的第 86 位上升到了第 55 位。

"经过这次和政府的合作，我们未来的合作方又多了一个选择。作为酒店品牌，我们涉猎的范围也变得更广了。"石井芳明挺满意目前的结果。"但这种参与主体多、推进起来太费工夫的项目，我们没办法做太多。"他补充道。Ⓜ

酒店服装设计，大有门道！

text / 王玮祎 photo / 佐佐木谦一 殷莺 星野集团

在抓人眼球的建筑、庭园设计或者室内设计之外，星野集团很少提及自己在服装设计上的功夫。但这也是塑造沉浸氛围的一环——你注意到这些服装有什么特别之处了吗？

"虹夕诺雅 东京"的旅馆休闲服外套，
由日本现代和服设计师斋藤上太郎设计。

photo / 佐佐木谦一

回想过去的旅行，我们几乎很难想起下榻酒店的工作人员穿了什么，大多数时候，这些衣着在我们的记忆中总是和环境融合在一起。这正是工作服的逻辑——成为风景的一部分。在星野集团，服装作为传达品牌文化的重要载体，也是设计的重点环节。

星野集团的特色在于通过概念来体现不同酒店设施间的差异，因此旗下各个子品牌的工作服都是不同的。在星野，一般每个设施在确定了整体的建筑设计后，就会由参与开业准备的项目组来决定服装设计的方向。在这一过程中，有时也会征求建筑师的

photo / 佐佐木谦一　01

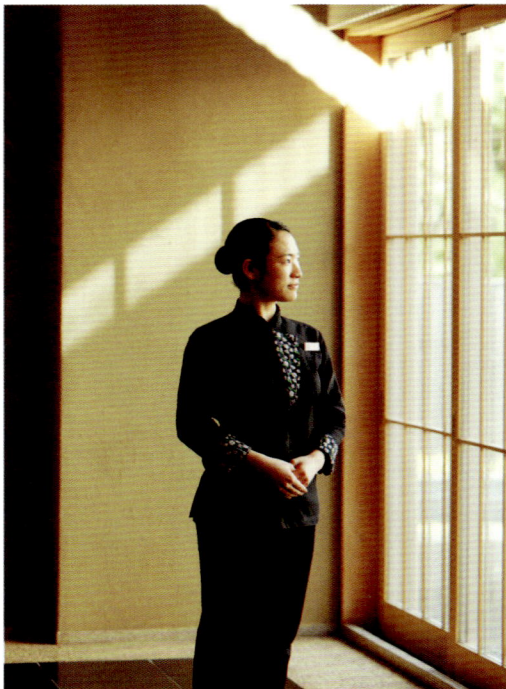

虹夕诺雅作为星野最高端的品牌，所有设施的制服都是从零开始制作的。而在界，虽然有统一的制服设计，但胸前、袖口的面料会配合每个设施的概念。RISONARE 使用的则正统的酒店制服，但也会配以符合度假村气氛的装饰。OMO 和 BEB 的情况更加特殊，为了表现品牌的休闲感，除了护林员和需要注意卫生的餐饮人员外，其他工作人员都穿着自己的衣服为客人提供服务。

01 "虹夕诺雅 轻井泽"总支配人 赤羽亮祐
02 "界 仙石原"总支配人 泽田朱里
03 "RISONARE 热海"总支配人
Fukui Yuko（福井ゆう子）
04 "OMO5 东京大塚"总支配人 渡边萌美
05 "BEB5 轻井泽"总支配人 马场淳太

photo / 佐佐木谦一

02

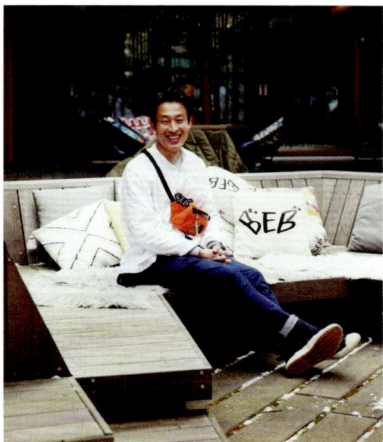

意见。随着项目组对世界观和概念的挖掘逐渐深入，就会开始寻找擅长在面料、染色技术等方面体现这些要素或融入地方文化元素的设计师。

另外，好的设计也需要满足作为工作服的实用性。款式上要行动方便、穿着容易，面料上要承受得住频繁的清洗和打理，也得保证设计本身能稳定持续地生产。

所以，星野集团挑选服装设计师的标准可以说是足够挑剔——不仅要与制造业者保持着良好的关系，对概念和建筑设计有着深刻的理解，还要能提出最佳的表现形式。

以"进化中的现代日式旅馆"为主题的"虹夕诺雅 东京"，邀请了京都品牌SOU·SOU来负责工作服的设计。配合主题，"虹夕诺雅 东京"希望能制作一款结合了和服和西洋服饰的优点、至今未曾有过的新式工作服。另外，考虑到来访的客人的水准，服装类型应当接近正式，但也不能太过严肃。两方在对到底是做和风的西装，还是做西式的和服做了大量的讨论后，SOU·SOU最终创造了一款既有和风要素，又能像夹克一样方便行动的工作服。

这款工作服形制上采用了江户时代流行的"里胜（裏勝り, uramasari）"样式——外表看上去是纯色的基本款，内衬却隐秘地藏着华丽的纹样。纹样当然也是专为"虹夕诺雅 东京"设计的，在深色的背景上点缀着蝴蝶、古钱币、仙鹤和松竹梅等代表吉祥和喜庆的图案，取名为"弥荣"，意指日益繁荣。人们不经意地一瞥，就能看到里面的图案。这之后，SOU·SOU也在自己的品牌内推出了类似的款式。

photo／佐佐木谦一

01—03 SOU·SOU 为"虹夕诺雅 东京"设计工作服时，采用了江户时代流行的"里胜（裏勝り，uramasari）"
样式——外表看上去是纯色的基本款，内衬却隐秘地藏着华丽的纹样。他们为之取名为"弥荣"。"虹夕诺雅 东
京"总支配人李根株（01）。

给虹夕诺雅工作人员设计工作服时的技巧

❝

首先是行动方便和穿着容易这两点。如果是一般的和服的话，就必须要考虑系腰带等步骤。我们试图让这套工作服很简单就能穿好，不需要任何其他东西。又因为工作人员需要给住宿的客人提供各种服务，总是在做各种动作，这种时候工作服不可以成为一种阻碍。在试穿的时候，我们拜托工作人员蹲下站起了好多次，非常仔细地检查了服装是否会妨碍到他们的行动。

接下来，打理简单也很重要。因为工作服经常会弄脏，需要频繁地清洗。

然后就是外观了。星野对设计上的要求是必须要有和风元素，但是要找到合适的平衡点非常困难。再怎么强调工作服的行动方便，也不能让工作人员穿夹克衫。毕竟来访的客人都相当有水准，所以提供服务的一方不能穿太便宜或者设计上不太酷的衣服。但是，穿高级的和服也是不合适的。如果考虑服装的 TPO* 的话，会有休闲、半正式和正式之分的说法。我们认为星野需要的是接近正式的服装类型。

总的来说，工作服在设计上应该配合客人的水准，有一个正式的形象，但在行动便利性上需要像夹克一样休闲。

❞

——若林刚之
（Wagabayashi Takeshi）
京都服饰品牌 SOU·SOU** 社长，
设计总监、服装设计师。

02   photo／佐佐木谦一

03   photo／佐佐木谦一

*TPO: Time（时间）、Place（地点）、Occasion（场合）的首字母缩略语。最初为时尚界提出的合理穿衣建议，现在也被广泛使用于许多产品开发领域。

**SOU·SOU: 由服装设计师若林刚之、室内设计师辻村久信和布料纹样设计师脇阪克二共同创立。秉持"创造新的日本文化"的理念，运用传统素材及手工工艺，设计制造着各种"地下足袋"分趾鞋、服饰和家居产品。

星野制作工作服上的用心同样体现在了<mark>旅馆休闲服</mark>*上。"虹夕诺雅 东京"的旅馆休闲服设计来自现代和服设计师斋藤上太郎。他出身于京都的设计世家,认为"传统才是最新",在设计中,常使用一般人看来足够另类的设计——夸张的色彩、充满科幻感的风格,甚至用牛仔作为和服的布料。

在设计"虹夕诺雅 东京"的旅馆休闲服时,他也采用了 T 恤内搭,准备了不需要太多技巧就能系好的简易版腰带,让第一次接触的人也能轻松体验和服的乐趣。

斋藤上太郎展现着和服"革新者"的野心,也提及了他创新的根本原因。和服不同于有袖口收紧、露背之类设计的西式服装,有着另一种意义上的"看不见的性感",这是属于日本的美学观念。他也认为,时尚业界顽固的正统意识正阻碍着现代人重新认识和服的美学。我们和斋藤上太郎聊了聊这次合作背后的故事。

Q = 未来预想图(Dream Labo)
S = 斋藤上太郎(Saito Jotaro)

photo／JOTARO SAITO

斋藤上太郎(Saito Jotaro)

和服品牌 JOTARO SAITO 设计师,织物艺术家。27 岁作为"最年轻的和服作家"出道以来,始终追求着符合现代的时尚和服,活跃于日本艺术时尚界。

Q: 媒体们会给你多种不同的职业称谓，比如染色作家**、织物设计师、和服设计师等。你是如何定义自己的身份的？

S: 在与酒店和餐厅等特殊的品牌合作的时候，有时候我也会参与织物的设计，这时候用和服设计师的称谓就有点奇怪。但果然还是和服设计师比较好。毕竟这是我最根本的工作。

Q: 你是在怎么样的情况下与星野合作，为他们设计一款旅馆休闲服的？

S: 是星野找到的我们。在疫情之前，特别是从海外来日本住宿的游客非常多。而且在虹夕诺雅·东京下榻的游客，有很多会长期住下来。因此，他们就想要制作一套既可以在馆内穿着，稍微出门逛一下也不会觉得奇怪的衣服。

但"虹夕诺雅 东京"位于大手町的办公区正中心，在这里要是穿泡温泉的浴衣的话，会非常有违和感。要说的话，还是更接近和服的衣服会更合适。不过，又因为有不少客人来自海外，所以如何把和服的复杂之处简略化，是我们和星野一起思考的地方。比如（这套和服的）腰带，不需要

学很难的系法，我们把两边做成了系带式的，能轻松地像系鞋带那样去系好，即使没有用细绦带***束紧，看上去也像已经束紧了一样。

虽然这套休闲服和我平常做的和服不同，但还是能通过比如系绳等地方体验到和服的趣味，而且也能穿着这套休闲服去虹夕诺雅·东京附近用餐、散步——虽然不是和服，但接近穿着和服出门的感觉。

星野想提供的是日本文化的体验，其中也包括了和服的体验，这本身是星野的魅力之处。不管是以什么样的形式，都能让想要更了解日本文化的人穿上和服试一试。我觉得这是很不错的事。而且要做成这件事本身需要付出非常大的努力，对我来说也是一种挑战。

Q: 有一个有意思的地方：为什么这次和服的合作不是和"虹夕诺雅 京都"合作呢？

S: 我想在京都应该会有更传统的和服职人在吧。而且去京都的客人，比起想体验和服和西式服装之间的服装，可能更想试试正统的和服。虹夕诺雅其他酒店都在观光地，不过正因为在东京这样的城市中心，所以穿

---

*旅馆休闲服：日语原文为"滞在着"，指的是客人在酒店居住期间可以穿的休闲服。在文中翻译为"旅馆休闲服"。
**染色作家：日语中，会将一些从事专业技能的从业者称为作家，比如染色作家、陶器作家等。
***细绦带：系在和服腰带外、帮助束紧用的装饰品，常用于固定复杂的腰带结。

和服样式的衣服才会觉得更新鲜，这种具有反差感的呈现方式也是星野的聪明之处。

Q：这款旅馆休闲服以"容易穿着，正宗新颖"为设计理念，和传统的日式旅馆工作服相比，做了哪些改良？有什么特别之处？

S：和服不像西式服装一样立体。在制作西式服装的时候，会做颡道*或者开叉，但和服完全没有这些。如果把和服摊开，从侧面看会完全变成平面。穿和服的过程中，会有一些多出来的布料必须好好整理，所以让立体的身体去穿上平面的和服是需要技巧的。而我们和星野的目标是设计一套接近和服的、让从没有穿过和服的人也可以简单穿上的衣服。

面料上，我们选择了常用于西式服装的、不易起皱的平纹针织布料。另外，和服一般是特殊的日子才会穿，不太会作为家里的休闲服，所以我们在制作的时候，服装的实用性也是重点。既要实用，又要接近和服是最困难的地方。如果太接近和服，海外的客人就没法穿，但离和服太远，又会变成普通的西式服装了。

不过就算是日本的传统民族服装，现在在街上会穿和服的人也很少。最初日本的文化基本是从中国传来的，之后经历了锁国，又是一个离大陆很远的小岛，逐渐产生了独特的发展，就像拉面和咖喱一样，和服也是如此。日本处于世界偏僻的角落，总是很憧憬欧洲或者美国。虽然或许某种程度上成为经济大国，但精神上还是觉得自己"穷乡僻壤"，认为自己的文化也是乡下的文化，提不起什么兴趣。而且现代文明发展得如此快速，就算日本有四季、当季的料理，有一些只在日本才能吃到的美食，但也许很快巴黎

01   photo／星野集团

01—02 在"虹夕诺雅 东京"这个位处东京 CBD 区域的日本旅馆，即便旅馆休闲服采用了日式和服的元素，但也会让客人们可以自如穿出门去溜达。加上有不少海外客人，所以在设计时，斋藤上太郎和星野集团简化处理了和服的复杂之处。

或者全球其他地方也能吃到了。在人们的兴趣和想法越来越同质化的情况下，我觉得日本人也会开始有一些瞬间，去考虑自己的身份认同是什么，传统文化的根源在哪里。

在这种瞬间，我们不能依旧穿着昭和*时代的、博物馆里会展示的那种和服，而是应该提出属于 令和** 时代的、进化了的和服，来作为日本有当代感的服装。星野想要的也是这样的现代和服，希望能让不想穿和服的人也能轻松地穿上。

Q：你创立了自己的和服品牌，同时也为不少演艺界人士设计舞台表演或广告工作服装，设计这款旅馆休闲服，和你过去的设计有什么不一样的地方吗？

S：这些是完全不同的服装种类。星野的休闲服是为了不穿和服的人而设计的"伪·和服"，但我平常设计的和服，就不适合那些日常生活中不穿和服的人。虽然看上去也许有点相似，但完全不同。

不过和其他酒店合作的时候，我反而会做西式服装——像是连衣裙或者 POLO 衫。和"虹夕诺雅 东京"的合作还是很特别的，要做出位于西式服装和和服之间的服装需要花费莫大的劳力。而且就算是穿着简单版的和服，没有说明依旧会很困难，所以"虹夕诺雅 东京"除了会有工作人员讲解之外，也配了纸质的穿着指南，这些都是费时费力的事情。其他酒店可能很难做到这个程度。Ⓜ

02　　　　　　　　　　　　　　　　　　photo／佐佐木谦一

*颡道：也叫省道，指的是在服装技术中，通过捏进和折叠面料的边缘，让面料形成隆起或者凹进的立体效果的结构设计。

**昭和与令和：日本每任天皇在位时所使用的年号。昭和为 1926 年 12 月 25 日至 1989 年 1 月 7 日，令和从 2019 年 5 月 1 日开始使用，2022 年为令和 4 年。

你对日本文化与服务有怎样的想象？

@虹夕诺雅 京都 photo/佐佐木谦一

重新理解 Omotenashi：

text／米川健

在日语中，Omotenashi（おもてなし）意味着无微不至的服务。星野集团靠什么提升顾客服务体验？

在品牌咨询公司 Interbrand 旗下子公司 C Space Tokyo 评选的 2021 年日本品牌顾客体验价值排行榜上，星野集团位居榜首。这是个让人惊讶的成绩，因为日式服务的代表——帝国饭店仅位居榜单第四，迪士尼乐园位居第十四。

1994 年开始，星野集团开始量化酒店服务质量，以改进顾客体验、提升顾客满意度。如今，客人在退房时，会拿到一张附有二维码入口的顾客满意度调查问卷。为提升答卷回收率，两天后还会收到下榻酒店发来的电子邮件，里面附上了能填写问卷的链接。

问卷分为"总体评价""各领域分项评价""感想""本次旅行相关信息"四部分。评价部分的范围，从"非常不满"到"非常满意"之间有七档选择。针对"感想"这一无法量化的部分，每天，酒店工作人员会用蓝色标注客人表达感激的语句，用红色标注客人对酒店服务的不满表述。

由此，星野集团每个员工都可查看问卷结果，并以此改进服务。工作人员人数少的酒店，会在早会和傍晚会上集体分析顾客满意度调查问卷答卷结果；员工人数多的酒店，会以部门为单位分析，再将分析结果共享给星野集团全体员工。这样，其他星野集团的酒店也能参考分析结果，改进顾客体验，提升顾客满意度。

星野集团采取扁平化组织结构

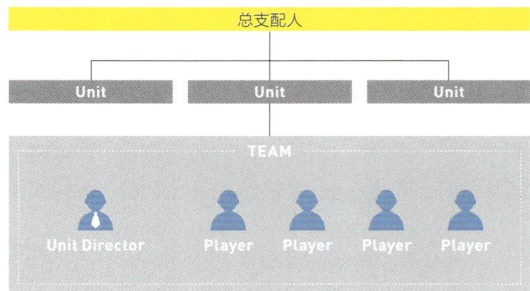

注：Unit 为星野集团酒店设施中负责不同领域的次级组织，类似于"某个职能小组"的概念。TEAM 指的是在每个 Unit 之下的团队，由团队主管 "Unit Director"与团队成员"Player"构成。

source／星野集团

人员管理结构"扁平"，也是星野集团提升顾客满意度的方式。工作人员人数少的酒店，只有负责酒店整体运营的"总支配人"（意为总负责人）和普通员工两个层级；员工多的酒店，在总支配人下面有多个工作小组，比如服务小组、活动小组等。小组里分为组长和普通员工两个层级。这意味着在星野集团的酒店里，最多只存在三个级别。更重要的是，与重视级别的日企文化不同，星野集团推行不同级别间平等交流的文化。星野集团认为，这能提高信息传达效率和工作决策效率，酒店工作人员能更快地在现场做出判断与决策。

星野集团还有一个代表性的运营方式——轮岗。在星野集团旗下酒店品牌工作的员工会轮流负责前台、厨房、客房、餐厅等不同工作。也就是说，同一位员工可能早上协助客人退房，下午打扫客房；傍晚准备晚餐的厨师，晚上也可能是餐厅的服务员。因此，酒店工作人员往往能马上回答客人在不同领域的咨询。

另外，因为轮岗，顾客有可能多次接触同一位工作人员，这既有利于星野集团获得更多顾客信息，也有利于顾客获知更多与旅行和酒店有关的信息，乃至对这位工作人员和酒店品牌产生更多好感与信赖。

在服务姿态上，星野集团的服务理念也和许多酒店集团不同，他们坚持"主客平等"。很多酒店会在客人提出期望与要求后，由酒店想法满足，但星野提倡让酒店工作人员主动发现、了解、满足客人的需求。

我们可以在星野集团酒店工作人员的服务准则里发现这种服务姿态的不同之处。

RECEPTION

在客人入住前及办理入住手续时

● 对于初次来店的客人，他们会说"欢迎光临"（ようこそお越しくださいました）。对于不是初次来店的客人，他们会说"欢迎回来"（お帰りなさいませ）。

● 对于非初次来店客人的同伴，他们会说"欢迎光临"，并在共享给酒店全体工作人员的客人入住信息上，标注"不要像接待回头客那样接待这位客人"。

● 他们会在客人入住时询问客人这次旅行的动机。如果客人不愿意回答，他们也不会勉强。在星野集团的客户关系管理系统里，记录着由每位职员收集来的客人信息。如果判断客人因纪念日而来，他们会偷偷准备惊喜。比如，他们会在客人的纪念日晚餐时给客人拍照，然后打印出来，放进他们特意准备的相册或相框里，再写一张贺卡，在客人退房时赠予客人。

● 在虹夕诺雅，对于因纪念日入住的客人，他们会赠送迎宾酒。要是他们事先知道同行者里有孕妇，会以无酒精饮料作为迎宾酒。

● 他们在知道客人的旅行动机后，会主动给客人旅行建议。

● 他们能事先和客人商量，协助策划给同行人的惊喜，甚至是求婚。

● 他们会记住客人的姓名，特别是客人孩子的名字。酒店全体工作人员会尽量在任何场合称呼客人姓名。即便客人以后去星野集团的其他酒店入住，酒店工作人员会事先从客户关系管理系统获知客人孩子姓名，在客人办理入住前跟孩子打招呼，和孩子搭话。

● 在界，他们会询问客人今晚希望用餐的时间。

● 在虹夕诺雅、界，客人可以在房间里办理入住手续。入住手续里包含预约、调整入住期间的餐饮内容、介绍酒店和房间、现在可以报名的酒店活动等等。

● 在虹夕诺雅，如果客人想享受度假，暂时脱离互联网，他们能帮忙看管电子设备，或提供可以收纳电子设备的收纳盒。

● 他们提供可以遮盖文身的文身贴。因为在日本，很多人仍认为文身是反社会团体成员的象征。

● 在 BEB5 土浦，客人可以将自己的自行车推进房间。酒店公共区域里有可以修理自行车的工具。

在客人入住期间

● 如果他们发现客人有花粉症，会在客房里准备蜂蜜、薄荷茶、手帕、空气净化器和方便丢更多纸巾的大垃圾箱。

● 在虹夕诺雅、界，他们 2 人 1 组，根据酒店提供的标准打扫客房。1 人负责卫浴，1人负责卫浴以外部分。打扫后，2 人一起检查。如果房间已打扫好，客人在约好的入住时间前抵达酒店，也可以提前入住。

● 他们会根据客户关系管理系统里记录的

星野集团的轮岗制度

● 餐食准备　● 客房与公共空间清扫　● check in/check out

一名员工可能在规定的工作时间轮岗完成不同的工作。
箭头为工作流程，下方色块是指一名员工在不同时间段可能涉及的工作领域。

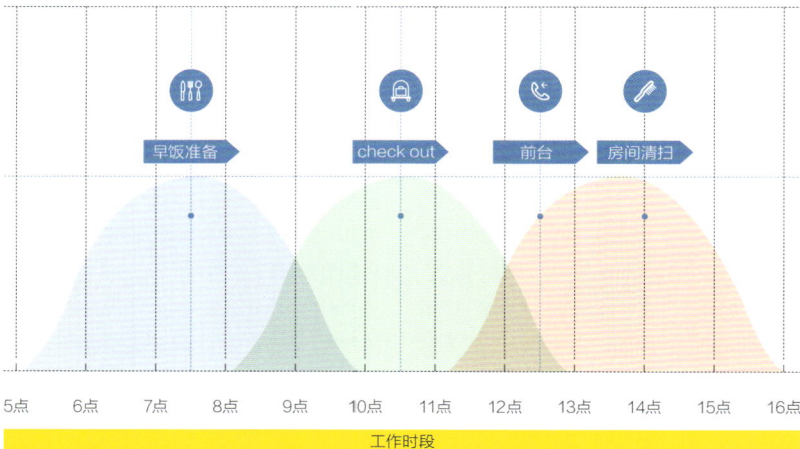

早饭准备 → check out → 前台 → 房间清扫

5点　6点　7点　8点　9点　10点　11点　12点　13点　14点　15点　16点

工作时段

source／星野集团

信息，判断要不要在房间里放儿童用的洗漱用品，或多放一些收费的酒或其他饮料，等等。

● 他们会预判客人的潜在需求，因为有些客人可能担心自己的要求会麻烦酒店服务员。比如，入住填表时，他们会留意客人是不是左撇子。如果是，在准备餐食时，筷子等餐具与饮料的摆放方式会随之调整。他们也会留意客人是不是在吃药，如果是，在界，提供茶饮的同时，他们也会送上一杯水。

● 在打扫客房时，如果看到客人携带多本书籍，他们会在房间里放书立。

● 在清洁客房时，他们只会补充新的消耗品，无论客人是否用过，都不会撤走。因为房费里已经包含消耗品的费用，它们属于客人。

● 如果他们发现客人遗失物品，通常会在酒店里保管 3 个月。不过，他们不会主动联系客人，这样能避免万一由客人以外的人接电话，从而泄露客人隐私。

● RISONARE 部分房间、设施里有提供给儿童使用的迷你马桶。

● 在 OMO，他们可以带客人在酒店附近街区散步、喝酒、品尝美食等等。有的导游服务收费，有的免费。

● 温泉设施里常备桶装纯净水，客人可以随意饮用补充水分，也可以带回房间。

酒店饮食

● 他们不提供葡萄柚和含有葡萄柚成分的果汁。原因在于葡萄柚成分会与降压药发生反应，导致降压药快速分解，这可能危及客人生命。

● 根据星野集团的食品卫生管理方法，客人不能打包吃剩的食物。

● 如果客人在孕期，他们会先在餐厅座位上放好靠垫。

● 他们会尽量满足客人的用餐需求。只要条件允许，甚至能在餐厅以外的场所用餐。

● 他们会仔细介绍每一道菜品。

工作人员的自我约束

● 因为有感染诺如病毒的风险，他们在工作、私人时间都不许食用牡蛎等双壳贝类。

● 因为抽烟可能会引起集中力下降，影响职员工作效率；而且，各设施需要为酒店员工设置专门的抽烟场所，影响设施经营效率；另外，吸烟者需要频繁休息，会让职场环境变得对不抽烟者不公平，所以，星野集团禁止全体工作人员在工作、私人时间抽烟。

● 他们统一要求自然的发色，不能太显眼，不佩戴首饰，不喷香水，不涂指甲油。但可以佩戴简单形状的婚戒。

● 因为服务费已经包含在住宿费里，他们不许额外收小费。

● 他们会背下酒店各类活动日程表、自己收集的酒店所在街区信息，以随时回答客人的咨询。

● 除了大型设施，酒店里没有员工食堂。他们需要自己带便当到酒店，也需要自行将垃圾带回家处理。Ⓜ

F O O D

@虹夕诺雅 竹富岛 photo／星野集团

@虹夕诺雅 京都　photo／佐佐木谦一

@界 仙石原　photo／佐佐木谦一

@界 加贺　photo／星野集团

@界 玉造 photo／星野集团

@界 阿苏 photo／星野集团

"

在酒店里，住客不会根据对菜系的偏好来选择餐厅，而是根据不同的场景与需求来选择。

——星野集团餐饮部负责人 梶川俊一

"

谁决定了酒店的口味？

text／刘迪新　photo／星野集团

饕餮之旅，在不同酒店中也有不同展现形态。

在"虹夕诺雅 东京"的餐厅里，五种味觉表现被分别放在了五个圆圆的小石头上，严格按照法餐流程列出了开胃菜、前菜、主菜和甜点次序。随着味觉顺序，温度也从前菜的冷逐步递增，最后归于常温。这五种味道合为一个菜式，成为"虹夕诺雅 东京"酒店餐厅一道"看板料理"。

虽说整套晚餐的制作手法与技术都来源于传统法餐，但菜端上桌之后，你仍会认为这是一套精致的日式会席料理。因为无论是呈现方式还是所用食材，都体现出不少日本元素。例如，虽然餐具是西式刀叉，但这些刀叉的手柄却是煤竹*这样日式风格的材料；虽然食物形态可以是法式高汤冻，但却用了日本寿司的层叠做法，再搭配日本的甜酸酒酿。

这也是星野集团所有餐厅共同的特征：活用当地食材，突出当地饮食文化。地域特色会被揉进酒店的各个角落，而餐厅则是当地食材的展示场。所以，你会在星野位于青森县的奥入濑溪流酒店吃到以苹果为主角的自助餐，也会在"虹夕诺雅 轻井泽"吃到更加少见的森林中的食材，还能在秋天的"虹夕诺雅 京都"尝到无花果与牛肉混着当地的赤王鸡蛋味增带来的浓厚口感。

在这个共同特色前提下，星野集团会根据每个子品牌或酒店的风格来确定菜式品类。例如，为了顺应日本整体的习惯与传统，温泉旅馆"界"的餐厅提供的都是日式传统会席料理，就连餐厅也被称作"食事处"。RISONARE 的餐厅则考虑到家庭度假酒店这一特性，把小孩子的需求也纳入其中，所以选择余地大、品类丰富的自助餐厅成了大部分 RISONARE 酒店的餐厅形态。但如果家长们想要好好吃一顿饭，感受独处时光，RISONARE 酒店里还有另一间高级

这是"虹夕诺雅 东京"晚餐餐厅提供的一道菜。以石头作为载体，体现出酸咸苦辣甜五种不同的味道。滨田统之最早在星野集团位于轻井泽的"Bleston Court Yukawatan"餐厅推出过一道类似概念的菜品，当时用了六个石头，更多使用长野县当地的食材。来到东京之后，食材的选择范围扩充到了日本全国。

*煤竹：经过烟熏而产生浓淡变化的竹子，因颇费工艺而造价不菲。

01

分 OMO 酒店里只留一个咖啡厅提供一些简单的轻食和饮品。在主打年轻客层的 BEB，酒店甚至鼓励年轻人呼朋唤友拎着外卖回酒店吃。

然而，在虹夕诺雅这样的高端度假酒店品牌，餐厅又成为酒店重要的组成部分。我们采访了"虹夕诺雅 东京"主厨滨田统之，他曾在"虹夕诺雅 轻井泽"担任主厨。我们与他聊了聊关于虹夕诺雅餐厅的菜品设计与呈现思路。

餐厅作为备选项。此时，家长们可以将孩子暂时交给酒店托管。

"星野集团酒店内的餐厅并不是按照法餐、意餐或者日料这样的菜系来区分的，而是根据住客的特性与需求，按场景和功能设立的餐厅。"星野集团餐饮部负责人梶川俊一说，"所以在这种定位下，餐厅之间的经营互不影响。住客不会根据对菜系的偏好来选择餐厅，而是根据不同的场景与需求来选择。'

虽说餐厅是完善酒店整体体验的重要一环，可它的重要性也会随着酒店定位而发生变化。星野集团有些酒店就没有设立餐厅。在主打都市观光的 OMO，除了 OMC7，部分酒店的餐饮功能主要交给酒店周边的餐馆，以便客人更加融入当地生活，还有部

02

03

01 在滨田统之的设计中，这道菜右侧的履带形状设计灵感来源于和服的腰带。它的木质托盘容器则是参考了日本传统便当盒的形状，体现了日式风格。除此以外，刀叉餐具是来自福井县的龙泉刀具，刀具手持的部分由碳化后的煤竹制作而成。
02—03 星野集团位于青森县的奥入濑溪流酒店，会提供以苹果为主角的自助餐（02）；而在"虹夕诺雅 轻井泽"，你可以享用到森林中的食材（03）。

Q：虽然制作方式来源于传统法餐，但你在创作料理时有过什么样的创新？又有什么一直不变的东西？

H：当然，法餐的制作技术和手法是必须要保留的东西。随着科技进步，食材的质量和流通都发生了变化。原来肉的品质不太好，又因物流速度较慢，所以传统法餐会用口味比较浓的酱汁掩盖食材本身的味道。而现在的食品都非常新鲜，很多食材不用经过太复杂的调味，直接吃就已经非常好吃了，所以调味方法会根据食材的状态来定。

一般传统的法餐会直接使用法国食材，但我是用法餐的料理方式适应日本的食材，在此基础上创造出新形式。比如我曾经在一个传统的法餐酱汁中加入了日本元素——柚子，获得了国际比赛的金奖。

Q：作为酒店餐厅里的主厨，和一般的餐厅比，在研发制作新菜的时候有什么特别之处？

H：在一般的餐厅中，主厨要一个人决定从菜品研发到设计等各方面的事，餐厅的制度也遵循着从主厨到学徒这样等级严格的教授形式。但在星野集团，决策并不是由某一个人来决定的，而是各部门的人一起讨论菜品概念与菜单。星野将职位划分得很细致，比如有食物流通调度的岗位、寻找食材的岗位、策划开发下一个季节菜单的岗位等。

滨田统之（Hamada Noriyuki）

2013 年获全球顶级法国料理比赛—— 博古斯世界烹饪大赛（Bocuse d'Or）第三名，鱼料理部门第一名。曾在"虹夕诺雅 轻井泽"担任主厨，2016 年 7 月起，担任"虹夕诺雅 东京"主厨。

有人会提出新菜单的想法，有人会提出使用怎样的食材，然后大家再一起讨论。而且为了保证每一位客人体验的完整性，其他组的职员们会根据这间酒店的概念，给厨师长提一些关于食材的建议，由此，我们也从 2020 年开始希望将日本的发酵食材融入料理，经过长时间的研发和讨论后，最近也逐渐融入了可增强免疫力的发酵食材。在发酵这个概念之下，有其他部门的同事向我推荐了京都那边的一种纳豆，也就是大豆的发酵物，后来我们也确实用到了菜品中。Ⓜ

Q = 未来预想图（Dream Labo）
H = 滨田统之（Hamada Noriyuki）

王玮祎对本文亦有贡献

photo／佐佐木謙一

好想拿回家：
酒店里的动心好物

text／王玮祎 陈紫雨 刘小宇
photo／佐佐木谦一 星野集团

不同于连锁酒店，星野集团很少会把选用了哪家品牌的产品作为自己宣传的一环。有时品牌被藏了起来，装在了重新设计过的带有星野 logo 的瓶子中，有时，它也会出现在一张精心设计的卡片上。

虹夕诺雅 东京的总负责人李根株说，外资系高级酒店的思路是用产品让客人满足，而星野想做的是将产品作为住宿体验的一部分，整体上提高客人的满意度。具体来说，就是希望客人在进入玄关到退房离开为止，能触摸到的一切产品、能体验到的所有服务，都可以时刻感受到这家设施的主题与理念。

星野集团的选品路径

A

星野集团为每个子品牌确定一张共用的选品清单。

B

体现不同地域特色的选品：

● 在酒店筹备期间，由该酒店与所属子品牌在总部的市场部共同开发新的品类。

● 酒店开业后，选品决策权会交给更了解当地文化的该酒店员工，由他们直接拜访合作方并提出合作方案。子品牌在总部的宣传部确认产品品质后，再一起完成包装设计、产品推广。

● 酒店开业后，酒店也会把自己的需求直接告诉星野集团总部的购买部，由购买部负责挖掘产品的专业团队提供帮助。

这些出现在旅行途中的小物件，
有严格的选品标准，
也有足够吸引人的"动心"要素。
或者是与光影交会的那一瞬间，
或者是一缕似有若无的嗅觉体验，
让你瞬间决定，
它也可以出现在你的生活空间里。

钥匙扣@界 仙石原

温泉旅馆品牌"界"的各设施拥有不同的钥匙链设计。比如在"界 日光"，每间房间的钥匙链都各不相同，包括东照宫、睡猫、日式鼓等，灵感均来自当地的传统文化。此外，界还会同艺术家、职人共同设计，把"小艺术品"拴在钥匙上，以呼应设施的设计概念。比如"界 仙石原"邀请了艺术家寺山纪彦，将他在 2007 年设计的"f,l,o,w,e,r,s"这一作品作为客房钥匙扣，寺山纪彦把干燥的野花草以 1 厘米的间距镶嵌在亚克力中。当然，部分钥匙扣也作为纪念品在旅馆内销售。

photo／佐佐木谦一

photo／佐佐木谦一

原创白檀香@虹夕诺雅 东京

树木元素是虹夕诺雅 东京营造"非日常感"的重点之一。不仅入口用了一整块的青森扁柏，馆内的香也是专门与京都老铺山田松香木店合作定制的。香以檀香为基调，在八角、桂皮的传统香调中混合了依兰和天竺葵等天然香料，营造出一种典雅沉静的气氛。

photo / 佐佐木谦一

photo / 佐佐木谦一

風呂敷/包袱布@界

随着日本江户时代澡堂的普
及，民间开始流行用布包裹着
洗浴用品和衣物去澡堂，使用
的包袱布在日语中就叫作"風
呂敷"。温泉旅馆品牌"界"
把为客人准备的洗漱用品包
裹在包袱布中，包袱布的表面
是寓意着"缘"的纹样，且各
个设施对应着不同的配色方
案。客人在入住期间不经意地
获赠了一个小纪念品，拿回家
可以作为包裹便当、酒等的小
布包使用，旅馆还为客人贴心
地准备了写有包裹方法的小
册子。

photo／星野集团

登山包套装＠虹夕诺雅 富士

虹夕诺雅 富士是日本首家引入"Glamping（豪华露营）"概念的酒店。当你走入这间酒店的大堂，一定会被挂满整面墙壁的各色登山包所吸引。客人可以任意挑选自己喜欢的款式。包中装着望远镜、日本户外品牌 Snow Peak 的轻羽绒衣和充气坐垫、头灯、带有星野 logo 的随身瓶，以及可以随时补充体力的"森林饼干"。

photo／佐佐木谦一

新式草履@虹夕诺雅 东京

配合虹夕诺雅 东京提出的"在大手町穿着和服散步"的概念，酒店里不仅提供定制的新式和服，拖鞋也特别选用了
京都品牌 Naito（ない藤）的新式草履"JoJo"。它不仅设计上具有现代的结构美感，橡胶材质的鞋底，让你即便在大
手町的沥青地面散步时，也不会感到吃力。

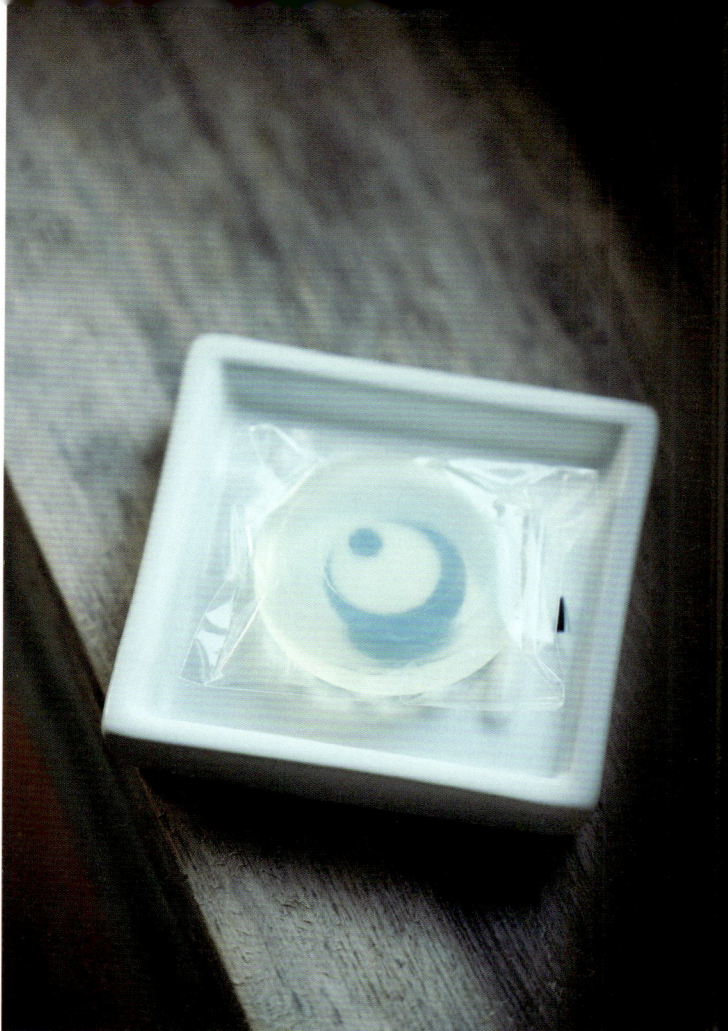

香皂
@虹夕诺雅 轻井泽

在大部分虹夕诺雅,都
可以看到带星野 logo
的圆形香皂。这是虹夕
诺雅与日本植物护肤品
牌松山油脂合作定制的
产品,共有柠檬草栀子
花、橄榄角鲨烷和黑糖
蜂蜜三款。

今治毛巾@虹夕诺雅 京都 / 东京

高级酒店提供的浴巾常常非常厚重, 但"虹夕诺雅 京都"想要改变这种概念, 它选择了如今在日本已是高级毛巾代名词的"Imabari Towel"——"今治"毛巾。"今治"毛巾曾因日本设计师佐藤可士和的重新定位企划而重获新生, 以高吸水特性的轻盈白色毛巾为主要特色。"虹夕诺雅 东京"也选用了"今治"毛巾, 它使用的"今治"毛巾考虑到了材料、质地和吸收能力等多方面的表现, 历时数月才最终完成。

photo/佐佐木谦一

photo/佐佐木谦一

SOU·SOU 旅馆休闲服与手拎包@虹夕诺雅 轻井泽

在"虹夕诺雅 轻井泽",可供客人们在馆内穿着的休闲服采用了一种名为"作务衣"的设计。这原是禅宗的修行僧们日常劳作所穿的服装,易于穿着,行动方便,多用棉、麻材质制成。京都服饰品牌 SOU·SOU 为"虹夕诺雅 轻井泽"定制设计了传统靛蓝色的"作务衣"休闲服。此外,所有虹夕诺雅还提供带有自家 logo 的随身手拎包,客人们可以将这个小包作为纪念品带回去。日出而作,日落而息,客人们可以穿着这一身,在轻井泽的山谷里体验自然时间的变换。Ⓜ

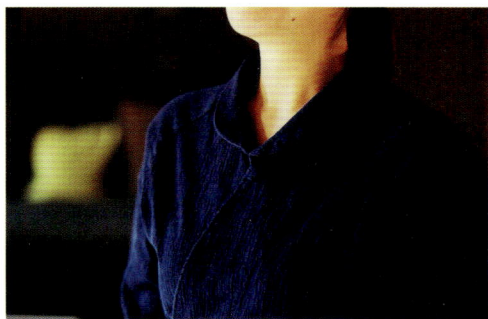

photo/佐佐木谦一

photo/佐佐木谦一

PART 05

benchmarks & trends

BENCHMARK:
家族企业创新者

text / 邢梦妮

基业长青的家族企业，往往会出现一个不甘守成的继承者，通过开拓和革新，把家族生意带到一个新高度。在星野集团，这个人是星野佳路；而全球最大的玩具公司乐高，这样的人物不止一位。

乐高最初是丹麦小镇上木匠奥莱·柯克·克里斯蒂安森（Ole Kirk Christiansen）开设的木工作坊，专为附近的农场主服务。1932 年，席卷全球的经济危机爆发，纽约华尔街股价暴跌，波及丹麦农业，它们的农产品原本有不少出口到美国。这也影响了克里斯蒂安森一家的生意。

当时，一个名叫"丹麦全国企业协会"的组织愿意支持奥莱，从他们寄来的杂志里，奥莱读到了一条提高销售额的建议——多制造大众实用产品，比如梯子、熨衣板，甚至是玩具。奥莱就此把乐高带入了玩具市场，他为公司取名"LEGO"，这个词来源于丹麦语"LEg GOdt"，是"好好玩"的意思；他还推出了塑料的积木玩具，这是乐高积木的雏形。

但此时，乐高还只是一个雇用 100

多人的玩具工厂，市场也限于丹麦。1958 年，奥莱的儿子戈特弗雷德·柯克·克里斯蒂安森（Godtfred Kirk Christiansen）继承家业。他对乐高最深远的影响，是提出了"玩具系统"（System in Play）的概念。

经过反复研发，戈特弗雷德带领乐高确立了如今乐高积木"凹凸拼合"的结构，这使得乐高生产的任何一种积木都能互相组合，也让乐高变成了一个可以一直玩下去的玩具。这彻底激发了乐高公司的创造力，经典的"街镇系列""火车系列"接连诞生。系统的概念也使得乐高的复购率提升，乐高也开始走出丹麦。

20 世纪 80 年代开始，乐高在规模上迅速成长为全球领先的玩具公司。它扩大了受众的年龄层、与更多知名 IP 联名、经历过财务危机，也倚靠职业经理人触底反弹。此时已不是戈特弗雷德的时代，但如今乐高"大厦"的基础，都是由初代创业者和二代继承者奠定的。Ⓜ

BENCHMARK:
度假社区运营者

text／邢梦妮

19 世纪末，在西方传教士的带动下，轻井泽这片长野县的山地高原，变成了日本的避暑胜地。此后这里建起了别墅、餐厅、音乐厅、高尔夫场，还有温泉旅馆——星野集团也发源于此。在星野佳路接手企业之后，对轻井泽的改造和更新一直是业务重点。如今，星野逐渐塑造了一个包含酒店、餐厅、温泉、商铺、滑冰场等设施的轻井泽度假区——"星野区域"。这一综合社区也是星野对度假的最新理解。

在中国，也有一块和轻井泽一样，从零开发的度假区——渤海旁的阿那亚。它位于河北省秦皇岛市，距离北京车程 4 小时。

阿那亚的业态大概可以分成三类：民宿、园区商业以及阿那亚自营的酒店和食堂。如果把轻井泽和阿那亚放在一起比较，你会发现不少相似点：两者都具有房地产开发商和酒店运营方的双重身份，倡导一种远离喧嚣、亲近自然的生活方式。在他们的辖区内，都有名为"食堂"的餐厅，甚至连地标建筑都有些类似。阿那亚礼堂和轻井泽星野区域的两个教堂都承接婚礼需求。

只不过，和轻井泽逐渐生长的度假社区不同，阿那亚在短短几年就从平地成为首都附近最受欢迎的度假社区。

除了硬件设施外，阿那亚和轻井泽一样，都将居住在度假区的人视为最重要的元素。阿那亚努力宣扬这里住着一群有趣的人，它的开发商自掏腰包，把业主的话剧社团送上了北京天桥艺术中心的舞台，并且在之后不断协助业主们推进文化活动、结成兴趣社团，并且在节假日用各类主题活动填满这个新兴的"乐园"。Ⓜ

BENCHMARK:
度假体验创新者

text / 董思哲

虹夕诺雅能在业内享有盛誉，是因为它每个项目都有一些在之前的度假酒店没见过的设计、服务或体验。连锁酒店当然满足了很大一部分客群的需求，但对有的酒店从业者来说，重复是不可接受的，安缦就是其中之一。

安缦和虹夕诺雅有时会被度假爱好者拿来比较。两个品牌的确有不少相似之处，它们大都开在远离闹市的山野间、海滩旁；它们都重视设计和服务的细节，当然同样都价格不菲。成立于20世纪80年代的安缦在酒店业算得上年轻，但它却开创了不少度假酒店的先河。

1988年，创始人阿德里安·泽查（Adrian Zecha）在泰国普吉岛的海边开出了第一家安缦——安缦璞瑞。这家酒店的打法在当时看来很大胆：只有40间客房；每间客房都是一个独栋的度假屋，最小的房型超过100平方米；房间内没有电视，而是有几乎和卧室一样大的浴室；员工和可容纳客人的比例达到了4：1……当地的度假酒店没有一家是这么做的，而安缦璞瑞每晚的房间价格是附近酒店平均水平的5倍。

与虹夕诺雅相似，安缦也认为度假酒店应该与当地风土结合。泽查和设计师爱德华·塔特尔（Edward Tuttle）都认为安缦璞瑞应该是一家有泰国特色的度假酒店，围绕这个目标，酒店的每间度假屋都带有泰国式的陡峭的木质屋顶，屋子建在架空的基座上，从每个房间都能不被遮挡地望向海面。这种风格取材于泰国中部的传统建筑，但塔特尔也对其做了改良——为了防止白蚁生长，用来架起建筑的基座和围墙使用了砖混结构，而非传统的木结构。另外，在施工过程中，他们没有砍掉任何一棵棕榈树。

这种风格在安缦之后的作品中一直延续：柬埔寨的"安缦萨拉"距离吴哥窟只有十分钟车程，京都安缦就开在金阁寺隔壁；不丹的"安缦喀拉"修建时用的是当地的工人和泥土；著名日本灯光设计师面出薰（Mende Kaoru）为多家安缦设计了标志性的暗色调灯光……这些设计理念构筑起了安缦的品牌形象，也对全球的酒店设计领域产生了巨大的影响。

截至2022年，安缦集团共运营33家酒店。其中，2014年开业的东京安缦是其第一家开在城市中心的酒店，它位于东京大手町地区一栋大厦的顶部。而400米外，就是虹夕诺雅的第一家城市设施"虹夕诺雅 东京"。Ⓜ

酒店业新趋势

text／罗焕婷 杨舒涵

酒店要想办法让自己更健康、更独特，才能把顾客吸引回来。

什么样的酒店能生存下来？

疫情冲击之下，酒店业一度进入休克状态。而在恢复营业后，它们仍要面对漫长的不景气时期。一个不得不接受的现实是，商务旅行需求可能再难以恢复到疫情前的水平了。许多公司养成了视频会议、居家办公的习惯，非必要的差旅需求被尽可能压缩。

不少老牌酒店永远退出了历史舞台，也有不少酒店选择缩减成本、抱团取暖。酒店要想

01

photo／The Siam Hotel

01 位于南非约翰内斯堡的 Sky Hotel 开始采用智能机器人来补充前台服务，就像许多酒店那样。到目前为止，这种数字化的智能体验还只是初期阶段，如何把新技术和酒店业的服务标准融合在一起，还需要寻找更完善的解答。

02 泰国的 The Siam Hotel 是一家独立酒店，路易威登曾包下整座酒店举办品牌活动。有设计感的、风格独特的酒店，成为不少品牌和个人的选择。

办法让自己变得更健康、更独特，把顾客吸引回来的同时，维持良好运营。危机孕育变化，以下 4 个趋势，是酒店业求变的努力。

限量版体验

千禧一代的"口味"正在越来越多的影响着酒店行业的未来。相比于传统的服务细节，"限量体验"更容易燃起他们的消费欲望——如果这种体验能拍成照片或者视频，上传到社交网络，那就更棒了。

在这一趋势下，酒店也不再是解决人们出行的住宿问题，而是逐渐成为旅行体验的一部分。曼谷是亚洲最受欢迎的旅游目的地之一，整座城市拥有 1.6 万家酒店，要想在激烈的竞争中脱颖而出，酒店非得拿出些个性才可以。

The Bhuthorn 就是这样一间为旅行者提供"限量版"体验的酒店。酒店本身是一栋具有当地文化特色的古建筑，只提供 3 间客房。酒店的设计师 Direk Senghluang 把自己多年收藏的古董家具和艺术品搬进其中。他希望酒店能够展现他的品位和个性，那感觉就像他邀请朋友住进自己家一样。

这样的独立酒店越来越多，它们或许不像一些知名的酒店集团一样有品牌的背书，但通过独特的体验和更为精细的运营吸引着来自世界各地的旅客甚至一些社会名流。Louis Vuiton 就曾包下过整间位于曼谷的独立酒店 The Siam Hotel，招待来自世界各地的客人们。

数字化体验

酒店前台正在消失，顾客可以直接在手机上预约房间，支付费用，甚至可以用手机打开房门。

年轻一代的顾客更容易适应酒店的新技术，比如智能家居、刷脸进门、声控音响、智能机器人送物上门。而他们也是未来酒

photo / ttg

01

01 青年旅舍不再是便宜、方便的代名词。新一代青年旅舍一方面提升了硬件条件，另一方面通过特色活动，把自己变成年轻人社交的平台。图中是 ttg 在北京运营的"一起一起青年旅舍"。

02 可持续对于酒店来说不再是个锦上添花的可选项，而是必须重视的课题。图中的树屋酒店位于瑞典，身处森林之中，在提供亲近自然的体验的同时，也通过材质、设计等做法，保护树林里的鸟类不被误伤。

02

店业的主要客源。

除了酒店内的体验，年轻消费者习惯在社交平台上获取和分享酒店的信息。他们在线上停留时间越长，酒店就要在线上渠道营销上花费更多精力。中国酒店的营销费用多用于线上预订平台，而海外酒店则侧重于搜索引擎。

其实，酒店也向来是新科技的试验场与理想生活样板间，不少时代新发明都曾早早应用于此。比如，酒店管理之父斯塔特勒（Ellsworth Milton Statler）创立的斯塔特勒酒店，1934 年就配备了中央空调，直到20 世纪 50 年代才实现民用普及，这也是美国历史上最早的一批连锁酒店。

不过调查显示，在数字化转型中，酒店方还是更关心数据将如何体现消费者需求，并不刻意追求物联网等新概念。毕竟，他们的本职仍然是服务。

社交体验

传统印象里的青年旅舍只适合钱包不鼓、不在意旅宿体验的背包客。但如今有一些青年旅舍不以便宜的床位为卖点，而是希望把自己变成一个气味相投的年轻人交流、相识的场所。

对于这群消费者来说，有品质的住宿不再仅指高级舒适的房间和贴心服务，住宿以外的体验似乎更能抓住他们的心。

设计工作室 ttg 于 2014 年在北京了开设第一间青年旅舍，之后又在上海、成都等城市拓展。它喜欢在旅舍内做活动，比如开办"旅行漫游展"，与咖啡和音乐节联盟，或

是组织不同主题的城市漫步。

ttg 尤其注重顾客社群的搭建，它自己做了一个线上虚拟旅舍，将前台、公共空间、客房、服务体系及店内活动等搬到数字科技平台，并且把顾客加入社群，不定期组织主题活动。这么做能为酒店留住更多老客人，只要社群维持不错的活跃度，还能吸引未入住过 ttg 的年轻人加入。现在的 ttg 给自己的定位是"新一代住宿运营服务商"。

提供住宿以外的附加价值，以年轻客群为目标的青年旅舍，不再把自己框在酒店住宿的范畴里了。

可持续，是时候了

如今，取消一次性用品已经从酒店业的风潮变成规范。打开上海、北京等中国内地城市的酒店预订页面，会看到红色叹号标注的"订房必读"，酒店不再主动提供"一次性六小件"（牙刷、梳子、浴擦、剃须刀、指甲锉和鞋擦）。

一份 2020 年发布的政策文件提出了一次性用品全面消失的时间表：2022 年底，全国范围星级饭店等场所不再主动提供一次性塑料用品；2025 年底扩展至所有宾馆、酒店、民宿。经历了"禁塑令"和"垃圾分类"两轮教育，公众似乎也更容易接受这种的新生活习惯。

法规之外，有的酒店在可持续上走得更远。它们采用可降解的屋内材料，比如树木韧皮纤维质地的外包装；或是从酒店整体的设计出发，安装废水回收系统，调整大楼的热力系统；甚至自己种植餐厅所需蔬菜，降低采购带来的碳排放。Ⓜ

度假酒店的挑战者

text／罗雪仪 马飞羽 陈明希 photo／HAGI Studio

度假酒店不止一种形态。

泰国金三角四季帐篷酒店在预订页面着重强调了亮点：帐篷内设施的完备和亲近自然的特色。对于想要尝试户外露营，但又缺乏经验的顾客来说，帐篷酒店是个不错的入门方式，另一边，对于度假客来说，帐篷酒店也是个尝鲜的选择。

帐篷度假酒店

"户外"这个词给人的印象并不轻松，它总是和探险、徒步和艰苦的环境联系在一起。但现在，户外也成为一种放松度假的方式。把亲近自然的露营和现代酒店的设施服务结合在一起，帐篷酒店尝试提供一种两全的选择。

泰国金三角四季帐篷酒店坐落于丛林中，设有 15 套主题帐篷，每一套都可以看到洛克河、缅甸及老挝群山的景色。

它的一大好处是减少了对环境的破坏。相比传统酒店的大兴土木，帐篷酒店的搭建像搭积木。

在酒店的预订页面里，它着重强调了帐篷里的设施清单，以打消顾客疑虑：水电、沐浴间、基本家具和网络等基础设施都有——不过没有电视机。酒店还特别解释："为了不破坏大自然的天籁之声以及森林的静谧环境，帐篷内不设电视机、DVD 播放机和收音机。"

在帐篷酒店的环境下，露营这个词中原本的"艰苦"意味已经被淡化，户外电器、厨具、家具的出现让露营变得舒适。感到炎热有户外空调、烹饪东西有便携式的厨具、收放自如的户外家具和家里的沙发一样舒适。

当然，相比于提升舒适度，如何享受自然才是帐篷酒店的重点。金三角四季帐篷酒店位于大象保护区域，训象体验、乘船穿越丛林、观察野生动植物生长，这些体验在普通的度假村不常有。

photo / HAGI Studio

photo / HAGI Studio

hanare 的客房（01）在一栋二层木质建筑的两楼，平平无奇，而其他"酒店设施"则和很多街区店铺一样，分散在整个谷中地区。客人可以在同街区不远的 tokyobike 自行车店（02）租车，在整个街区穿行，探访其他"酒店服务设施"。

不过，帐篷酒店仍有一些缺陷，比如帐篷的安全性显然不如客房，遇到极端天气也无法入住。对于爱好自然的度假顾客，帐篷酒店提供了个新选项，而对于露营新手，舒适的帐篷也降低了门槛。

分布式社区酒店

如果一家酒店的客房、前台、餐厅不在一栋建筑里，而是分散在整个街区，会是种什么感觉？

在东京的谷中地区，一家名叫 hanare 的酒店就在尝试这样的事。hanare 是日语"離れ"的罗马拼音，意思就是"分散"。

谷中是东京一个有些年代感的街区，有 60 多座寺庙和神社，其中有不少历经灾害和战争，仍保留江户时代的样貌，而 hanare 就是由谷中地区一些无人利用的空屋改造而成。客房在移动二层木质建筑的两楼，没有前台和休息大厅。但从这里出发步行几分钟，就能找到各种"酒店设施"。遍布街区的古钱汤是酒店附属的浴场；昭和时期

的酒吧和居酒屋是餐厅；如果想购买纪念品，有一条谷中银座商店街——甚至有一家名叫 tokyobike 的自行车店，提供自行车租赁服务，方便客人在"酒店"里穿行。

这"座"酒店的经营者是建筑师宫崎晃吉，他在谷中有一座工作室 HAGISO Studio。这个工作室的前身是东京艺术大学建筑系的学生宿舍，2011 年 3 月的东日本大地震后，这栋原本就设施老化的宿舍，到了不得不拆的地步。居住其中的毕业生们为它办了一个告别展览，吸引了 1500 多人来参观。毕业生之一宫崎晃吉从中看到了某种可能性，他买下了这座房子的使用权。如今，HAGISO 是一个集咖啡馆、画廊、工作室于一身的小型文化综合体。

在 HAGISO 之后，宫崎晃吉寻找了更多谷中街区的空置房屋，把它们变成了 hanare。他希望通过这一项目提升整个街区的吸引力，另外，hanare 这样的酒店也满足了都市度假的需求，它让陌生的顾客不再觉得自己是身处酒店，而是去朋友家做客，他们可以真正停留下来，欣赏并融入一座城市。

酒店行业局外人

博物馆、动物园也开始抢酒店的生意。2012 年，英国大英博物馆推出了"留宿"（Sleepover）项目。根据旅游指南《孤独星球》的盘点，推出过类似项目的还有美国自然历史博物馆、蒙特雷湾水族馆、加州科学院、夏延山动物园、西雅图飞行博物馆等。

在博物馆和动物园留宿，睡觉本身就不太重要了。有的博物馆索性不提供床位，住客裹

着睡袋，在某个大厅室内露营，很多人要的就是这个感觉——在艺术品、恐龙化石或是海洋生物的环抱下入睡。

大多数留宿项目在场馆日常营业闭馆后开始，来访者常常可以参加工作坊、晚宴、睡前夜游等活动，第二天吃完早餐后，在开馆前离开。

不过，这种体验不便宜。伦敦自然历史博物馆的儿童留宿项目费用为每人 65 英镑，陪同家长还需单独付费；成人项目的费用为

波士顿儿童博物馆是美国历史第二悠久的博物馆。它的留宿活动经常安排在周五晚上，家长和孩子完成丰富的体验项目后，一起在博物馆入睡。

每人 185 英镑。在美国自然博物馆待上一晚，孩子需要支付 150 美元，成人为 350 美元。

虽然价格高昂，但根据美国商业杂志《快公司》的报道，对博物馆来说，留宿其实也是个费力的项目。虽然留游客过夜不需要铺设床位，看起来没什么成本，但让人们夜间逗留在展馆里，需要投入更多人力物力，以保证顾客和展品的安全。

对博物馆来说，提供酒店式的服务只是一个小尝试。但越来越多人的人期待在都市旅行时体验不一样的生活，少订一晚酒店，和文物、化石或动物睡在一起，是个不错的选择。

数字游牧人订阅包

"数字游牧人"（digital nomads）是酒店行业关注的一个新群体，它指的是数字化时代，没有固定工作场所，在不同城市流动的人。其中不少是作家、艺术家等创作者，他们可能会想要到处逛逛寻找灵感——这时就需要住酒店了。

一些在布局于多个城市的酒店品牌看到了其中的商机，推出"数字游牧人订阅包"。这类套餐一般包括客房长租折扣和优惠购买酒店配套餐饮等服务。它限定最短住宿天数，允许消费者在一定期限内入住不同城市的酒店。

酒店品牌 Selina 就推出了"共住"（CoLive）项目。最便宜的共住套餐为 405 美元，包含连续 30 天的住宿，在一个月中，住客可以更换 2 次住宿地点。

"踩雷"总是让人恼火，频繁更换酒店更增加了踩雷的可能性。有"游牧"习惯的杰丝·莎娜汉（Jess Shanahan）在接受美国媒体和营销领域杂志《Digiday》曾采访时提到，她认为游牧人订阅包的一大优势就是免去了选择和踩雷的麻烦。"用 Airbnb 订房很容易遇到实物与图片不符，期待落空的情况。那时我就会很沮丧，甚至会把我的工作搞得一团糟。选择一个酒店品牌旗下统一管理的酒店，就会免去很多麻烦。"

与一般的酒店住客不同，数字游牧人入住时仍然处于工作状态，因此，舒适的办公空间也成为游牧人套餐中的重点。这些酒店一般会提供公共办公空间，有些也提供帮助游牧人了解当地文化的向导，让房客在工作之余获得旅行体验。Ⓜ

星野佳路：
新项目都是从
不安开始的

interview／赵慧 季扬　text／季扬 赵慧
photo／佐佐木谦一

与很多职业经理人不同，星野佳路不太重视短期目标，并无意满足所有的消费者诉求，甚至反对日本职场的职级文化。你会认同他的经营管理理念吗？

Q = 未来预想图（Dream Labo）
H = 星野佳路（Hoshino Yoshiharu）

在星野集团，员工们通常称星野佳路为"代表"。星野集团虽说是一家创业超过百年的公司，但真正让公司走出轻井泽这个创业之地、让集团树立多品牌策略的，还是在最近二三十年实施了一系列改革的星野佳路。让我们看看这个百年公司的第四代经营者在酒店运营与管理领域的观察与经验。

Q：继承星野公司时，美国留学经验给你带来了怎样的影响？

H：去美国留学前，我热爱冰球，曾是一名冰球运动员。为继承家族企业，我放弃了运动员的身份，前往美国学习经营学。当时感觉失去了自我，但后来我发现，其实经营企业和做运动员有很多相通的地方，比如说都需要良好的技术。想要更好地经营企业，就需要积累充分的经营学理论作为"技术"。意识到这点后，我开始努力学习，立志于经营好星野公司。美国留学的经验给我带来的最大的影响是自己的意识和身份的转换。学校里的商业理论是经过大量数据和研究而得出的结论，我认为它对任何形式的企业经营都有帮助。

星野佳路（Hoshino Yoshiharu）

1960 年出生于日本长野县，先后毕业于日本庆应义塾大学经济学部、美国康奈尔大学酒店经营学院。1991 年任星野集团代表董事社长。在运营集团酒店的同时，也在着力于重振那些出现经营问题的的度假村。

Q: 作为家族企业继承人，你最初需要考虑什么？

H: 家族企业有好的一面也有不好的一面。好的一面是，家族企业是以长期视角来发展和扩大商业版图的。这和重视短期利益的投资家不同。家族企业由于没有投资方，更多需要考虑如何将企业以最好的状态传递给自己的下一代，所以我们会考虑 10 年、20 年后企业是否长期存续。我从来不制定业务目标，因为它是短期利益的体现。而有投资方参与的企业，需要计划的是 3 年、5 年后的利益产出。

当然家族企业也有不好的一面，由于信息不需要公开，因此容易有公私混同的问题。我刚接手公司的时候，很遗憾地发现内部有很多公私混同的事情。如果不杜绝这种现象，企业就不可能有长期的发展，也不会有优秀的人才愿意加入星野。所以当时我首先考虑的是杜绝这个现象。

Q: 20 世纪 90 年代，你在轻井泽开始改革的时候就提到，公司竞争对手不是日本的同行业公司，而是丽思卡尔顿、柏悦等海外高级酒店，将公司核心定位确立为"具有日本特色"的酒店。如今再看，当时的决定是正确的吗？

H: 我不认为海外高级酒店是我们的竞争对手，我们真正的竞争对手是海外的酒店运营管理公司。这其中不单单有高级酒店，也包括平价酒店。这些海外的运营管理公司并不持有酒店，而是聚焦于酒店的运营管理。当时星野既持有酒店，同时又在进行酒店的运营管理，这样是无法和这些海外的运营管理公司竞争的。所以当时我认为，星野应该专注于酒店的运营管理，而非成为酒店的所有者。

Q: 这就是星野成为拥有多个子品牌的运营公司的原因？

H: 多个子品牌是另一个话题。我们其实并不想增加子品牌，因为多加一个品牌，就会产生大量的运营、推广费用，这样只会增加我们工作的难度。对于我们来说，子品牌越少越好。但即便这样，有时还是必须要建立新的子品牌。比如说 OMO 是城市观光子品牌，它没有办法被归入当时星野旗下既有的任何品牌，但同时我们又判断，这是一块很大的市场，并且已经有 Moxy、雅乐轩等海外酒店品牌进入这块市场，所以星野必须有这样一个品牌和这些海外品牌抗衡。因此对我们来说，增加子品牌可以说是无奈之举，我们实际是希望能够以尽可能少的子品牌和海外的企业竞争。

Q: 当时你将星野定位为"具有日本特色"的酒店，是为了和海外酒店运营公司竞争吗？

H: 与其说是和海外企业竞争，不如说是我个人对酒店行业观察得出的结论。40 年前连锁酒店盛行，当时那就意味着标准化。比如说希尔顿酒店，无论是纽约、洛杉矶或是伦敦，各地的希尔顿酒店都提供同样的体验。这样的一致性对连锁酒店来说是非常重要的。

但从 20 世纪 90 年代开始，随着全球各地旅行安全系数的提高，旅行者经验的增长，大家对酒店的需求逐渐从"标准化"转变为"本地化"。比如来京都旅行的游客，更倾向于住在有京都特色的酒店。为应对这样的变化，星野集团在日本国内各个酒店融入了当地的特色和风情，向大家提供"具有日本特色"的入住体验。

Q：那么，如何向客人传达这种"日本特色"呢？

H：最重要的是要保持自身的个性。比如对于来东京旅行的游客，我们会在服务中融入一些信息：我们希望他们能够去的地方、希望他们能品尝到的美食和能体验到的服务。换句话说，是将我们自己的喜好"强加"在客人身上。我认为这才是新时代应有的待客方式。

认真听从客人的需求，积极处理客人的投诉，尽可能满足客人的要求是常见的做法。但是如果只做这些，所有的酒店都会同质化，因为客人的需求是一样的。

想要差别化，就需要改变传统的市场学做法，不能一味"听从"客人，需要保持自己的个性，适时将自己的喜好"强加"在客人身上。当然这样做也会带来问题，会有一部分的客人不能理解这种做法，最终导致顾客流失。但我们不能因此害怕和退缩。坚持自身的特点和个性在酒店经营中是很必要的。比起想办法挽回流失的客人，培养"深度客户"更重要。

Q：比如我们在"虹夕诺雅 东京"的顾客评价中看到，有顾客想要酒店增设发型沙龙服务，对于这种要求星野会如何应对？

H：我认为完全没有必要应对这样的要求。有很多酒店有类似的服务，我认为这位客人可以选择这样的酒店入住。

Q：星野集团在多年前开始实行"多任务制"的工作方式。相对于"工作细分化"，"多任务制"的工作方式使员工横跨前台、客房、餐厅等多个部门，同时负责多项工作。员工的评价和收入会为此而提高吗？这样的工作方式是否会不够高效？

H："多任务制"的工作方式会带来生产（工作）效率提高，高生产效率带来的高利润当然最终也会反映到员工的收入上。但我们不会由于哪位员工同时负责多项工作，就提高对他的评价。因为我们不认为这是一件特别的事情。具备处理多项任务的能力是在星野工作的条件之一。

"多任务制"的工作方式对星野集团来说是有巨大意义的。首先，它会促使员工更快成长，在经历过多个岗位的工作后，每位员工都是专业的酒店经营者。其次，"多任务制"的工作方式模糊了部门间的界限，使组织更加扁平化，更利于部门间的业务协调和改善。

另外，"工作细分化"的确可以提高办事速度，但是它的弊端是员工会渐渐疲于思考，只顾着完成手头的工作。对于酒店经营，单纯提高作业速度是没有意义的，我们需要每位员工都有不断思考和改进的能力，这样才能给客人提供越来越优质的服务和体验。"工作细分化"并不能使员工边思考边工作，从这点上来说，它其实是降低了工作效率。除此之外，"细分化"后的工作大部分是比较无趣的，比如说一整天打扫客房，一整天在前台接待客人，等等，这种单一的工作会使人丧失创造力。对于像我们这种直接面对客人的行业，需要内部员工有创造力，可以独立思考并且不断改进。因此"工作细分化"的作业模式并不适合星野集团。

Q: 你们担心这样辛苦培养出来的员工被其他企业挖走吗？

H: 我们当然不希望这样的事情发生，但是每位员工都有选择的自由。想要一直在星野集团工作的员工大多是因为喜欢这里的组织文化。因为星野集团的组织非常扁平，大家都可以无所顾忌地自由发表自己的意见。

Q: 星野集团一直都没有上市，你没有考虑过让星野上市吗？

H: 星野集团没有上市的原因是，我更希望以长期视角来运营星野。我没有想过在短期间内提高收益。星野从创业开始已经经过了 108 年，我是第四代继承人。想要把星野的事业传递到第五代、第六代，需要坚定地以长期视角来运营星野。因此不上市是比较合适的选择。

当然，如果在运营过程中需要大量的资金，我也会考虑让星野上市。但是由于星野是酒店的运营方，而不是酒店的所有者，所以我们暂时不需要融资。综合这两点，星野现在没有必须上市的理由。

Q: 星野在多年前就开始实行"所有和运营分离"的经营方式，这在酒店行业是革新的做法吗？收益在所有方和运营方之间如何进行分配？

H: 这并不是革新的做法。当时在海外有很多酒店运营企业，都是不持有酒店，只提供运营服务，在经营学上被称为"运营专业化战略"。星野当时如果不开始专注于运营，就没有办法与这些海外企业竞争。

运营公司想要提高竞争力，主要有两大块投入：一个是在预约系统上的投资。因为现在很多人在手机上预约，我们需要保证系统简单好用。还有一块投资在人才引入上。高质的人才对运营公司来说是最大的竞争力。我们投入了很多资金在改善劳动环境和提高员工薪水上。每年星野都会面向员工做满意度调查，根据调查结果决定改善方式和资金投入的方向。

收益的分配主要是根据当初和所有方的契约来定的。一般来说，我们运营方的收入分为两大部分：一部分是固定收入，占销售额的 3%；另一部分是提成收入，即利润的 20%。

Q：对于 BEB 和 OMO 这样的品牌，你觉得它们对标什么竞争对手？你认为 BEB 和 OMO 的前景如何？

H：关于 BEB，它主要是以年轻消费者为目标群体的品牌。除了我们，在日本现在还没有其他类似的品牌。这是因为日本的年轻人少，加上年轻人的消费能力不高，所以没有酒店以他们为目标客户。而我们认为，现在的年轻人，10 年、20 年之后会步入中年，所以我们希望在他们年轻的时候就了解并且喜欢星野这个品牌。这也是我们以长期视角经营星野的一个体现。

关于 OMO，它是一个满足大家城市观光需求的品牌。OMO 很受中国旅客的欢迎，我们在东京的大塚站附近开设的 OMO 酒店，有 40% 的客人来自中国。作为运营方，我们是非常高兴的。我认为想要运营好酒店，首先运营方自己需要以快乐的心态去做这件事，这样才能有创造力，提供更优质的体验和服务。

Q：2020 年 5 月，你在公司内部博客上

发布了一篇关于"星野集团倒闭概率"的文章。里面提到，倒闭常常由现金流断裂引起，左右现金流的又有销售额、成本削减、资金调配三个要素。然后你设定了 27 种不同的模型分别分析。你为什么要面向员工们发布那篇文章？你当时在想什么？

H：首先，在疫情这样一个特殊时期，当时所有的经营者都在用尽全力保护自己的企业。我们当然也受到了冲击，2020 年 4 月和 5 月，星野集团销售额下降了 90%。在这样艰难的情况下，如果我和社员说星野集团没有问题，谁都不会相信，甚至会给大家带来更多的不安。所以我发表了那篇"星野集团倒闭概率"的文章，并且在文章里非常认真地做了计算，大家可以通过那篇文章了解星野集团当下真实的状况。这个做法让员工更加信任我，而信任关系在那样的特殊时期尤为重要。为了扛过疫情，当时我需要进行大幅度的业务调整。向员工公布公司的经营状况，提高了大家对业务调整的理解度和认同感。

其次，比起摆出枯燥的财务报表，计算"星野集团倒闭概率"是为了以更有趣的方式告诉大家星野的经营状况。我认为，越是在艰难的状况下，越以有趣的方式传递信息会非常重要。后来这篇文章还取得了意想不到的宣传效果，很多媒体来报道我们。

Q：当时你是真的很焦虑星野集团的经营

H:2020 年 4 月和 5 月,我们的销售额下降了 90%。如果持续那样的状况,星野集团必然会倒闭。非常幸运的是,在第一轮疫情过去后,我们的销售额有了反弹。后来日本政府为了支援旅游业,开展了"Go To travel"促销活动,这又帮助我们提升了营收。在这之后又开始了第二轮疫情,但那时我们已做了足够的准备。我们当时开始把目标放在离酒店路程 2 小时内的客人,发展"微旅游"。我们还为此专门更新了网页。客人在预约时必须要输入自己住处的邮编,便于我们挖掘潜在客户。我们的酒店也为来"微旅游"的客人专门调整了服务。所以第二轮疫情开始后,我们的销售额并没有下降很多。

Q:你在"酒店再生项目"中一定会设置"概念委员会"。"概念委员会"会讨论些什么?

H:"概念委员会"中"概念"的意思是,这个酒店为怎样的消费者提供什么样的服务。至今为止,我接手了很多酒店再生项目。我发现这些酒店共通的问题是,大家不清楚自己的酒店是为什么样的客人服务,需要提供怎样的服务。

新开一家酒店时,我们最开始需要考虑的问题就是这家酒店是为怎样的客人提供什么样的体验。以此为出发点,来安排酒店的设计、房间、服务、提供的食物等等。

但针对这个最关键的问题,很多再生项目的酒店想得都不明确。所以接手这类项目时,我一定会设置"概念委员会",重新定义这家酒店的目标客户和需要给客人提供的服务和体验。"概念委员会"采用公司内部公募的方式,让自愿举手的员工加入,一起重新思考酒店的定位。

Q:在酒店运营中,有哪些地方会多花一些预算,又有哪些地方会尽可能缩减预算?

H:我没有考虑过这个问题。我考虑的是以合理的预算办事。想要达到这一点,还是需要依靠员工间平等的交流和讨论来做出决定。所以维持扁平化的组织架构很重要。决定权需要交给大家,而不是集中在某一个人身上。因为将重要的决定权集中在一个人身上,大概率是行不通的。企业经营就好比棒球比赛,棒球运动员击中球的概率大概在 30%,企业经营也是一样。一个经营者想要 100% 做出正确的决策是不大可能的。所以,重要的判断和决策应该放手给员工们讨论、判断。当然判断的结果有时也会有错误,大家通过不断学习和总结,提高判断的精准度才是理想的状态。培养出这样的组织文化很重要。

Q:你曾经在专栏中写到,"根据自己的经验和星野的历史来看,星野每 30 年会有 1 次强制性的经营模式的变革"。在专栏最后你也提到,"当我和父亲都在同一家公司认真参与经营,这必定会牺牲我们的父子关系。在这 23 年里,我不断挑战父亲这位经

营者，父亲也在不断评价我这位接班人。这样的关系使我们直到今天都无法回到正常的父子关系"。现在如果再回到可以做选择的时候，你还会选择同样的道路，对星野做出变革吗？

H：我还是会选择同样的道路，当时我为了成为一名好的经营家，放弃了成为冰球运动员的梦想。为了成为一名好的经营者，我学习了很多经营学的知识，立志能够用于星野的经营。所以即便再回到当初，我也还是会做出同样的选择。至于我和我父亲的关系，我认为父亲退休后如果完全脱手星野的工作，我们应该是可以回到正常的父子关系的。但是如果我们同时都在星野工作，便很难拥有正常的父子关系。

Q：经历了疫情，你觉得"度假"这个词的定义会发生怎样的改变？

H：大家对"高级"这个词的定义发生了改变。原来"高级"这个词的意思更接近于"豪华"。但是在新时代，"高级"的酒店是指可以给客人提供其他酒店提供不了的体验。所以"高级"和"豪华"原本意思相近的两个词语，正在区别开来，现在我们正站在这个分岔点。

Q：中国对星野集团来说是一个怎样的市场？

H：中国对我们来说是一个快速变化的市场，特别是中国消费者的需求一直是在变化

的。现在也有越来越多的中国消费者开始追求高品质的旅游体验。我相信将来这一群体会爆发式增长。这也正是星野集团的目标群体，比起提供"豪华"的体验，我们更想给大家提供"高级"的、有深度和文化的体验。

Q：你个人最喜欢的酒店是哪家？

H：因为我自己经营酒店，出行时不住星野，住别家酒店的话，心中多少会有些在意，所以我旅游时几乎不住酒店，而会选择 Airbnb。如果要说一家酒店的话，上次去加拿大，我住在了被雪山包围的 Chatter Creek Mountain Lodges，那个酒店几乎没有什么服务，但是周围的雪质非常棒，以后还想再去一次。

Q：你有一个想要达到的目标吗？

H：没有哎。我们的商业判断都是在讨论之后形成的。我做酒店也不是因为喜欢而做，因为这是我的工作，并非我的兴趣。所以我也没有什么"想创造出这样的酒店"的想法。而且如果像我这样一直做酒店行业的话，就会一直存在如何吸引客人的压力。从 1991 年开始就是如此，要考虑销售额的问题；遇到"再生"型项目，我也要作出判断，否则就会产生赤字，脑中充满了不安。我对我们所有设施和项目的不足之处都了然于心，即便项目增多，也不会有那种兴奋感，反而是不安的比重更高一些。新项目都是从不安开始的。Ⓜ

DATA: **数据中的星野**

text／肖文杰 唐昕怡

星野集团 Hoshino Resorts

星野集团大事记

● 背景 ● 描述

星野附近的森林成为日本第一个国家级野生鸟类森林保护区
● 此后，环境友好和可持续是星野集团最重要的运营方针之一。

星野温泉旅馆开业
● 前一年，以外国度假者为核心的社会团体"轻井泽避暑团"成立，轻井泽已经是外国人眼中日本最著名的避暑胜地。

星野温泉改制为株式会社

›1904 ›1914 ›1929 ›1951 ›1974

星野家族进入轻井泽
● 初代经营者星野国次靠着前代经营纺织业积累的财富，在轻井泽购置地产，并开始挖掘星野温泉。

自建的水力发电设施开始运行
● 第二代经营者星野嘉政依靠一本参考书自建了水电设施，经过改良后至今仍在使用。

source／
星野集团官网
截至 2021 年底

100 万

星野集团每年回收超过 **100** 万把一次性牙刷，并与专业机构合作，对其中的塑料再利用。

90%

星野在轻井泽区域组织定期的飞鼠观赏之旅中，有 **90%** 以上的机会观测到飞鼠。

70%

"虹夕诺雅 轻井泽"凭借自建的地热系统，实现约 **70%** 的能源自给。

76 万

2018 年至 2021 年，"虹夕诺雅 轻井泽"的水力发电系统平均每年可以发电 **76** 万度。

700

星野还有一个农场，饲养了 **700** 多头奶牛。它位于 Tomamu 度假村，这是星野增加这个度假村魅力的新尝试。

星野集团运营 **58** 家住宿设施
截至 2022 年 6 月

7780 间客房
截至 2021 年 12 月

星野集团员工共 **3831** 名
截至 2021 年 4 月

source／星野集团官网

啤酒公司 YOHO BREWING 成立
● 1994 年，日本政府修订《酒类税法》，啤酒厂的产能门槛大幅降低，掀起了一段 10 年左右的"地产啤酒"风潮。
● 成立啤酒公司的想法源自星野佳路自己的兴趣爱好。

位于北海道的 Tomamu 度假村开始运营
● 连续挽救濒临破产的度假村，让星野逐渐建立起"度假村运营达人"的名声。

星野佳路正式继承家族生意
● 星野佳路接手不到一年，日本经济泡沫破灭，日本旅游度假市场由盛转衰。

›**1991**　›**1995**　›**1996**　›**2001**　›**2004**

公司改名为星野集团

星野集团开始运营"RISONARE 山梨八岳"
● 这是星野首次收购、改造并运营一家度假村。

星野温泉的二代经营者星野嘉政（右）与日本野鸟会的创始人中西悟堂（中）观察鸟类活动并录音。

2013 年，**星野集团房地产投资信托基金（REIT）公司**在东京证券交易所上市，这是日本首个投资旅游度假设施的 REIT。由此，星野集团可以用更轻资产地方式运营酒店，它负责运营、管理住宿设施，而收购、新建、改造设施所需的资金则通过信托基金募集，投资者们能共享星野集团运营酒店带来的收益。这一体制也帮助星野集团快速推动多品牌战略。

星野 REIT 管理的资产规模

● 星野集团运营的资产 　● 其他公司运营的资产 　单位：亿日元

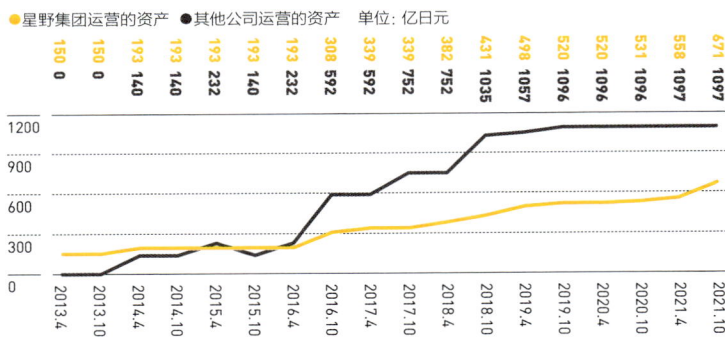

source／星野集团房地产投资信托基金官网

"虹夕诺雅 轻井泽"开业
● 91 年历史的星野温泉旅馆被改建为一个全新的度假村，成为星野集团最著名的设施之一，虹夕诺雅品牌就此诞生。

星野推出"界"和"RISONARE"两个新品牌
● 界希望成为重新挖掘当地魅力的温泉旅馆；RISONARE 则是面向家庭的大型度假村。

星野开始运营首个海外项目 KiaOra Rangiroa

›**2005**　　›**2010**　　›**2011**　　›**2013**　　›**2014**

星野集团宣布启动
统一在"星野集团"主品牌旗下的多品牌战略

星野集团成立房地产信托基金

星野集团旗下各品牌设施数量分布

8 家 虹夕诺雅　　22 家界　　5 家 RISONARE　　12 家 OMO

3 家 BEB　　8 家其他 住宿设施　　16 个 非住宿设施

source／星野集团官网 数据截至 2022 年 6 月

星野集团"持有、运营分开"的轻资产模式

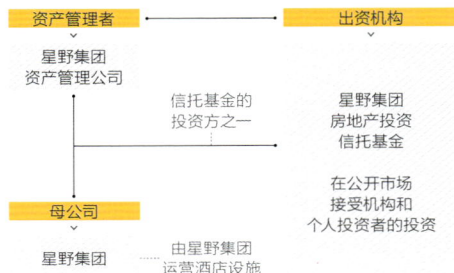

资产管理者　　　　　　　　出资机构

星野集团 资产管理公司　　　　　　星野集团 房地产投资 信托基金

信托基金的 投资方之一　　　　　　在公开市场 接受机构和 个人投资者的投资

母公司

星野集团　　　　　　由星野集团 运营酒店设施

source／星野集团房地产投资信托基金官网

星野 REIT 的运营收入和净利润

● 运营收入 ● 净利润　单位: 亿日元

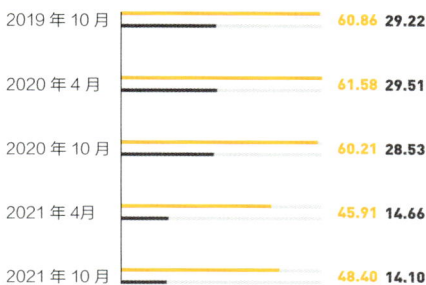

	运营收入	净利润
2019 年 10 月	60.86	29.22
2020 年 4 月	61.58	29.51
2020 年 10 月	60.21	28.53
2021 年 4 月	45.91	14.66
2021 年 10 月	48.40	14.10

source / 星野集团房地产投资信托基金官网

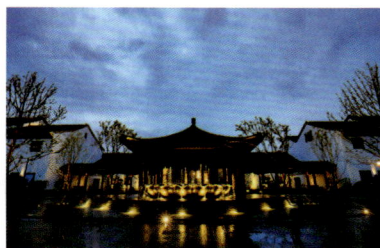

天台山嘉助酒店开业

● 2020 年新冠肺炎疫情席卷全球,酒店业遭受重创。星野佳路一度称星野集团"有 38.5% 的概率倒闭"。

● 这是星野集团在中国内地的首个酒店。

"虹夕诺雅 东京"开业

● 这是星野首个建在城市的度假设施。

OMO 品牌成立

● 星野开拓新领域: 城市度假。

›2016　›2017　›2018　›2019　›2021

"虹夕诺雅 巴厘岛"开业

● 这是星野首个海外的虹夕诺雅设施。

BEB 品牌成立

● 星野建立了一个专门面向年轻人的新品牌。

星野集团旗下不同品牌疫情前后的营业情况

● 2018 年 11 月至 2019 年 10 月　● 2020 年 11 月至 2021 年 10 月

虹夕诺雅 轻井泽

	2018.11-2019.10	2020.11-2021.10
客房入住率	88.30%	76.20%
平均房价	79233 日元	95572 日元
销售额	35.7 亿日元	32.18 亿日元
房间数	77	77

RISONARE 山梨八岳

	2018.11-2019.10	2020.11-2021.10
客房入住率	85.90%	67.90%
平均房价	39035 日元	57360 日元
销售额	47.22 亿日元	45.72 亿日元
房间数	172	172

界 箱根

	2018.11-2019.10	2020.11-2021.10
客房入住率	95.70%	73.80%
平均房价	44793 日元	58339 日元
销售额	9.04 亿日元	7.94 亿日元
房间数	32	32

OMO 旭川

	2018.11-2019.10	2020.11-2021.10
客房入住率	79.80%	23.60%
平均房价	11314 日元	14085 日元
销售额	20.52 亿日元	3.99 亿日元
房间数	237	237

source / 星野集团房地产投资信托基金官网

再会。またね

图书在版编目（CIP）数据

星野：如何重新定义度假 / 赵慧 主编. — 北京 ：东方出版社，2022.11

ISBN 978-7-5207-2999-4

Ⅰ．①星… Ⅱ．①赵… Ⅲ．①旅游企业—企业管理—经验—日本 Ⅳ．①F593.132.61

中国版本图书馆CIP数据核字（2022）第180346号

星野·如何重新定义度假

（XING YE·RUHE CHONGXIN DINGYI DUJIA）

主　　编：赵　慧

出版统筹：李　斌

责任编辑：邢　远

责任审校：蔡晓颖

出　　版：东方出版社

发　　行：人民东方出版传媒有限公司

地　　址：北京市东城区朝阳门内大街166号

邮　　编：100010

印　　制：北京汇林印务有限公司

版　　次：2022年11月第1版

印　　次：2022年11月第1次印刷

开　　本：710毫米×1092毫米　1/16

印　　张：16.5

字　　数：240千字

书　　号：ISBN 978-7-5207-2999-4

定　　价：69.00元

发行电话：(010) 85924663　85924644　85924641

DREAMLABO
未 来 预 想 图